रांगेय र

जन्म : 17 जनवरी, 1923, आगरा।

मूल नाम : टी.एन.वी. आचार्य (तिरुमल्लै नंबकम् वीरराघव आचार्य)।

शिक्षा : आगरा में। सेंट जॉन्स कॉलेज से 1944 में स्नातकोत्तर और 1949 में आगरा विश्वविद्यालय से गुरु गोरखनाथ पर पी-एच.डी.। हिंदी, अंग्रेजी, ब्रज और संस्कृत पर असाधारण अधिकार।

कृतियाँ : 13 वर्ष की आयु में लिखना शुरू किया। 1942 में अकालग्रस्त बंगाल की यात्रा के बाद एक रिपोर्ताज लिखातूफानों के बीच।

मात्र 30 वर्ष की आयु में कविता, कहानी, उपन्यास, नाटक, रिपोर्ताज के अतिरिक्त आलोचना, संस्कृति और सभ्यता पर कुल मिलाकर 150 से अधिक पुस्तकें लिखीं।

सम्मान : हिंदुस्तानी अकादमी पुस्कार (1947), डालमिया पुरस्कार (1954), उत्तरप्रदेश शासन पुरस्कार (1957 तथा 1959) और मरणोपरांत महात्मा गांधी पुरस्कार (1966) से सम्मानित।

निधन : 12 सितंबर, 1962 को बंबई में।

प्रतिनिधि कहानियाँ

रांगेय राघव

राजकमल पेपरबैक्स

राजकमल पेपरबैक्स में
पहला संस्करण : 1994
आठवाँ संस्करण : 2024

राजकमल पेपरबैक्स : उत्कृष्ट साहित्य के जनसुलभ संस्करण

राजकमल प्रकाशन प्रा.लि.
1-बी, नेताजी सुभाष मार्ग, दरियागंज
नई दिल्ली-110 002
द्वारा प्रकाशित

शाखाएँ : अशोक राजपथ, साइंस कॉलेज के सामने, पटना-800 006
पहली मंजिल, दरबारी बिल्डिंग, महात्मा गांधी मार्ग, प्रयागराज-211 001
1, अनमोल सोराबजी संतुक लेन, धोबी तलाव, मरीन लाइंस, मुम्बई-400 002
वेबसाइट : www.rajkamalprakashan.com
ई-मेल : info@rajkamalprakashan.com

विकास कंप्यूटर एंड प्रिंटर्स
ट्रॉनिका सिटी-201 102
द्वारा मुद्रित

मूल्य : ₹ 199

PRATINIDHI KAHANIYAN
Representative Stories of Rangeya Raghav

ISBN : 978-81-267-0047-9

संपादकीय

एक जगह स्वयं **रांगेय राघव** ने लिखा है, "(मैंने) बहुत कहानियाँ नहीं लिखी हैं—शायद सन् 1936 से 1958 ई. तक यानी बाईस साल में लिखी हैं—अस्सी या पचासी · · ·।" स्पष्ट है, संख्या यहाँ अनुमान से दी गई है। संपादक ने पूर्व में **रांगेय राघव की सम्पूर्ण कहानियाँ** (88; दो भाग) एकत्र करने के लिए उनकी जब खोजबीन की थी तो सभी कथा-प्रयोगों सहित यह संख्या 89 ठहरी। संभव है पत्र-पत्रिकाओं में कुछ और कहानियाँ अभी दबी हुई हों, पर अनेक कारण हैं ऐसा मानकर चलने के कि उनकी संख्या बहुत अल्प होगी। मुख्यतः तो यह कि वे आजीवन स्वतंत्र लेखन पर ही आश्रित रहे और पत्र-पत्रिकाओं में छपने के बाद, जैसे ही समुचित कहानियाँ हो जाती थीं वे उन्हें पुस्तकाकार संकलन के रूप में छपवा देते थे, ताकि पुस्तक से फिर पारिश्रमिक अथवा रायल्टी प्राप्त हो सके। फलतः, कोई आश्चर्य नहीं कि उन्होंने अनेक कहानियों को कई-कई संग्रहों में छपवाया; बल्कि एकाध संग्रह तो पूर्व संग्रहों के सम्मिलित संस्करण हैं—शीर्षक भले ही उन्हें दूसरे दे दिए गए हैं, ताकि दो-चार नई कहानियाँ मिलाकर नया संग्रह बना दिया गया है।

संख्या की दृष्टि से 89 कहानियाँ भी कम नहीं होतीं, विशेषकर एक ऐसे लेखक के लिए जो मात्र 39 वर्ष की आयु में ही दुनिया से विदा ले ले। लेकिन इसमें संदेह नहीं कि अन्य विधाओं में रांगेय राघव के विपुल सृजन को देखते हुए यह संख्या 'बहुत' नहीं है। संभवतः उन लोगों को तो इस 'संख्या' को पढ़-सुनकर धक्का ही लगेगा जो ऐसी अफ़वाहों के कुहासे में आज तक घिरे हुए हैं कि—"रांगेय राघव सौ-पचास पन्ने रोज़ लिखा करते थे" अथवा "महीनों तक वे प्रतिदिन एक कहानी लिखते थे, दोस्तों को सुनाते थे और छपने के लिए किसी पत्र-पत्रिका को भेज दिया करते थे।" (संभव है कभी पाँच-सात-दस दिन ऐसा कोई क्रम चला होगा · · · बस किस्सा चल

निकला—जैसे कि उनको और उनके लेखन को लेकर और बहुत-से किस्से चल पड़े हैं, और शायद यह कहना भी ग़लत नहीं होगा कि ऐसे कुछ किस्सों को हवा देने में स्वयं उनका योगदान भी रहता था)।

रांगेय राघव ने बहुत कम आयु में लिखना प्रारंभ किया था। अपने कहानी लिखने का सन्—1936—स्वयं उन्होंने दर्ज किया है। उस समय उनकी आयु थी—मात्र 13 वर्ष। किंतु आज उनकी उस कच्ची उम्र की कहानियों के संबंध में कुछ भी कहना संभव नहीं है; हो सकता है कुछ बाद के वर्षों में नष्ट कर दी गई हों और कुछ—यद्यपि यह अनुमान-भर है—बाद के सालों में फिर से लिखी गई हों। जो हो, अपने शोध के दौरान संपादक ने तो पहले-पहल उनकी सर्वप्रथम प्रकाशित कहानी **अभिमान** ही पाई थी जो **हंस** के दिसंबर, 1944 के अंक में छपी थी और इसीलिए उसने 'रांगेय राघव की संपूर्ण कहानियाँ' में उसे ही उनकी प्रथम प्रकाशित कथा-रचना के रूप में उल्लिखित कर दिया था; लेकिन यह संकलन तैयार करते-करते लेखक के किशोरावस्था के परम मित्र **मनमोहन ठाकोर** ने सूचित किया कि इससे भी पहले उनकी जो कहानी प्रकाशित हुई थी, वह थी—**देवोत्थान** जो **सेंट जॉन्स कॉलेज**, आगरा की पत्रिका में प्रकाशित हुई थी।

असल में रांगेय राघव की सभी कहानियों के लेखन का ठीक समय जानना आज प्रायः असंभव हो गया है। क्योंकि अपवादस्वरूप भी उनकी लिखी किसी कहानी की पांडुलिपि प्राप्य नहीं है; कुछ पांडुलिपियाँ शायद एकबारगी खोज निकाली जा सकती हैं, शायद, लेकिन असल समस्या का हल तब भी शायद ही सम्भव हो सकेगा—क्योंकि आमतौर से वे अपनी रचनाओं पर बहुत से दूसरे लेखकों की तरह रचना-तिथि अथवा काल का ब्यौरा आँकते नहीं थे। मृत्युपरांत मिले उनके कागजों अथवा उनकी डायरी में भी कहानियों के रचनाकाल संबंधी कोई टीप कहीं नहीं मिलती है। चश्मदीद गवाहों का कहना है कि आमतौर से वे अपनी किसी कहानी की नकल नहीं रखते थे। प्रायः कहानी लिखी और किसी पत्र-पत्रिका को भेज दी; 'रफ कॉपी' कूड़े के डब्बे के हवाले, और यदि कभी उसके अन्य 'ड्राफ्ट्स' होते तो उनका निपटारा भी काम समाप्त होते ही हो जाता। पत्र-पत्रिकाओं की 'कटिंगों' से कहानी-संग्रह तैयार हो जाते थे और प्रकाशक को भेज दिए जाते थे।

ऐसे में रांगेय राघव के लेखन की विकास-यात्रा जानने का एकमात्र उपाय उनकी कहानियों का प्रकाशन-क्रम ही बच रहता है। यह सहारा इसलिए भी

औचित्यपूर्ण है कि—कुछ कहानियों को छोड़ दें तो—उनकी ज्यादातर कहानियों के लेखन और प्रकाशन-काल में बहुत लंबा अंतराल नहीं है। लेकिन दुर्भाग्यवश अब तक हम उनकी प्रत्येक कहानी का प्रकाशन-काल भी नहीं खोज पाए हैं; ऐसे शोध में जरा भी संलग्न रहे अध्येता इस तरह के कामों की व्यावहारिक कठिनाई को समझ सकते हैं—खासकर तब तो और अधिक जब आपके पास—तत्कालीन कुछ पत्रिकाओं को छोड़ दें तो—उन सभी पत्रिकाओं के नामों की एकदम पक्की जानकारी तक न हो, जिनमें आपको अपने काम की जानकारी मिलने की प्रबल संभावना हो। फिर भी हमने बहुत-सी (आधी के करीब) कहानियों के रचना-काल ढूँढ़ निकाले; इस खोज के दौरान कुछ असंकलित कहानियाँ और रिपोर्ताज भी प्राप्त हुए। जिन कहानियों का प्रकाशन-काल हम नहीं ढूँढ़ पाए, उन्हें अनुमान से क्रमबद्ध किया गया है। इन अनुमानों के पीछे अनेक तर्कों का आधार है। पर अनुमान अंततः अनुमान ही होते हैं—तर्क की भी सीमा होती है, विद्वतजन इससे परिचित ही नहीं हैं, अनुभव से भी जानते हैं। किंतु कुछ तर्कों की काट नहीं होती—उदाहरण के लिए जिस कहानी का प्रकाशन-काल हमें ज्ञात नहीं हो सका था, उसे हमने उक्त संग्रह के प्रकाशन-काल से पूर्व माना है, जिसमें वह सर्वप्रथम संकलित हुई है।

किशोरावस्था की अज्ञात रचनाओं को छोड़ दें तो रांगेय राघव ने अपनी अधिकांश कहानियाँ 1942-1943 से 1950-1951 के बीच लिखी हैं। इस दौरान उनकी कोई 71 कहानियाँ प्रकाशित हुईं। 1951 के बाद—कथा-रचना में संभवतः उपन्यासों पर अधिक केंद्रित हो जाने के कारण—कहानी लिखने का सिलसिला धीमा पड़ता गया। परिणामतः, बाद के 11-12 वर्षों के बीच उनकी कुल 18 कहानियाँ ही प्रकाशित हुईं—याने प्रतिवर्ष कोई एक-डेढ़ कहानी; और उममें से भी अनेक का रचना-काल संपादक को तो बरसों पहले का मालूम पड़ता है, उनके रचना-शिल्प, भाषा इत्यादि को देखते हुए।

1947 से 1963 के बीच **मेरी प्रिय कहानियाँ** नामक चयन सहित रांगेय राघव के कुल ग्यारह कहानी-संग्रह प्रकाशित हुए। मई, 1947 में उनका पहला संग्रह **साम्राज्य का वैभव** प्रकाशित हुआ; इसी वर्ष दो और संग्रह **देवदासी** और **समुद्र के फेन** भी छपे। दो वर्ष बाद 1949 में आए **जीवन के दाने** तथा **अधूरी मूरत**। 1951 में छपा **अंगारे न बुझे**। फिर 1953 में **ऐयाश मुर्दे** प्रकाशित हुआ जो **'देवदासी'**, **'जीवन के दाने'** और **'अधूरी मूरत'** को मिलाने से बना है। चार साल बाद 1954 में आया नया संग्रह—**इंसान पैदा हुआ**। 1960 में **पाँच गधे**

प्रकाशित हुआ। अंतिम संग्रह **एक छोड़ एक** उनकी मृत्युपरांत 1963 में आ पाया—इसमें आधी के करीब कहानियाँ पुराने संग्रहों से ली गई हैं।

रांगेय राघव के कहानी-लेखन का मुख्य दौर भारतीय इतिहास की दृष्टि से एक बहुत हलचल भरा विरल कालखंड है; कम मौकों पर भारतीय जनता ने इतने स्वप्न और दुस्वप्न एक साथ देखे थे—आशा और हताशा ऐसे अड़ोस-पड़ोस में खड़ी देखी थी ··· स्वतंत्रता आंदोलन, विश्वयुद्ध की छाया, बंगाल का भीषण अकाल, भारत छोड़ो आंदोलन, भारत-पाक विभाजन, हिंदू-मुस्लिम दंगे, स्वतंत्र भारत में साँस लेने का सुख, साम्यवादी दलों पर पाबंदी, महात्मा गाँधी की हत्या, कांग्रेस-विभाजन, नेहरू-युग की शुरूआत और जल्दी ही स्वप्नभंग का प्रारंभ ··· । हम देखते हैं कि रांगेय राघव की कहानियों की विशेषताओं में से एक यह भी है कि उस पूरे समय की शायद ही कोई घटना हो जिसकी गूँजें, अनुगूँजें उनकी कहानियों में सुनी न जा सकें, खँरोंचें देखी और खुरंड टटोले न जा सकें ··· पर शायद यहीं रुक लूँ, क्योंकि आगे तो आलोचकों का पंडाल शुरू होता है।

अपने उपन्यासों की तरह ही रांगेय राघव की कहानियों के पात्रों का वैविध्य भी विस्मयकारी है; चरित्रों का मानो एक पूरा काफिला चला आ रहा हो—'टाइप्ड', घड़े-घड़ाए तैयार चरित्र नहीं, जिंदा चरित्र, चाहे वे औरतें हों या मर्द ···(यद्यपि इनमें स्त्री चरित्र तो विशेष शोध, और नहीं तो, खास ध्यान माँगते हैं)। आगरा जनपद, वैर—भरतपुर (उत्तरप्रदेश से सटा इलाका) जो उनकी मुख्य कर्मस्थलियाँ भी रहीं, उन (कुछ समय जयपुर को छोड़कर) इलाकों का भौगोलिक-सामाजिक परिवेश और छोटे-बड़े तबके के अनगिनत ऐसे पात्र उनकी रचनाओं के पन्नों पर उतरे हैं जिनकी तस्वीर देर तक मन पर छपी रहती है। ··· वे अपने समय के हमारे उन चंद कहानीकारों की पहली पाँत में थे (और कुछ मानों में तो अनूठे), जिन्होंने हिंदी कहानी का हाथ पकड़कर उसे भारतीय समाज के उन धूल-काँटों भरे रास्तों, घुटती-सड़ती, स्वप्निल चिथड़ों से ढँकी शहरी-कस्बाई बस्तियों, आवारे-लफंडरों-परजीवियों की फक्कड़ जिंदगी, भारतीय गाँवों की कच्ची, कीचड़भरी पगडंडियों की गश्त करवाई थी जिससे वह भले ही अब तक पूर्णतः अपरिचित न रही हो पर इस तरह हिली-मिली भी नहीं थी। यद्यपि इससे भी बड़ी बात यह कि उन्होंने इन्हीं 'दुनियाओं' में से एक से एक ऐसे जीवन से लबलबाते, जिंदगी से धड़कते हुए और ऐसे-ऐसे कद्दावर चरित्र प्रकट किए जिन्हें हम विस्मृत नहीं कर सकेंगे। शायद ही कभी। 'गदल' को क्या कोई भूल सकता है ··· ?

अंत में एक सफ़ाई। कुछ सुधी पाठक पूछ सकते हैं—'प्रतिनिधि कहानियाँ' का मायने क्या? क्या ये ग्यारह कहानियाँ रांगेय राघव के संपूर्ण कहानियों का प्रतिनिधित्व करती हैं, यानी उनकी कमजोर रचनाओं से लगाकर सशक्त रचनाओं तक का ? नहीं। यह लेखक की उस तरह की रचनाओं का 'प्रतिनिधि' संकलन नहीं है। प्रश्न किया जा सकता है कि तब क्यों न इसे लेखक की 'चुनी हुई रचनाएँ' कहा जाए ? संपादक को तो व्यक्तिशः इसमें कोई आपत्ति नहीं। लेकिन जब भी आप कहीं कुछ, चाहे वह साहित्य की अपनी संसद हो अथवा किसी खेल की टीम, भेजते हैं तो—प्रतिनिधियों को ही—अपनी ओर से अपेक्षया श्रेष्ठतर को। यहाँ भी आधार यही रहा है। एक और नियम से इस संकलन को नियंत्रित किया गया है, ताकि श्रेष्ठतर के अतिरिक्त यहाँ लेखक के वैविध्यपूर्ण रचनालोक की झाँकी भी प्रस्तुत हो सके। अधिक विस्तार में जाए बिना कहा जा सकता है कि 'प्रतिनिधि' शब्द को यहाँ उसके रूढ़ अर्थों में नहीं लिया गया है। यों भी ऐसे संग्रहों के आयोजनों के पीछे आयोजक की भी कुछ वैसी ही आकांक्षा होती है, जैसी कि पश्चिम में **आम्नीबस** की योजना के पीछे होती है जिसमें, जैसा कि ज्ञात ही है, किसी भी लेखक की श्रेष्ठतर रचनाओं और रचनांशों को पाठक के समक्ष इसी कामना के साथ प्रस्तुत किया जाता है कि इन्हें पढ़कर उसकी ललक लेखक के बाकी साहित्य की ओर भी उत्पन्न होगी। यहाँ भी यदि इस संकलन से ऐसा हो पाता है तो संपादक अपने चयन को पूर्ण सफल मानेगा।

संभवतः यहाँ एक और तथ्य को रेखांकित कर देना भी अनुचित न होगा। दुर्भाग्य से रांगेय राघव के देहावसान के कोई उन्तीस बरस बाद तक भी उनकी दो-तीन कहानियों की ही चर्चा (कम-से-कम आलोचक समाज में तो; यह अलग बात है कि उन्हें पाठकों का ऐसा बड़ा संसार मिला जो किसी भी लेखक के लिए सौभाग्य का विषय होता है) अधिक रही है, लेकिन यहाँ एक साथ ऐसी अनेक—ग्यारह—कहानियाँ प्रस्तुत हैं, जिनसे आम हिंदी पाठक लेखक के बहुआयामी लेखन का परिचय पा सकेगा, इस दृष्टि से यह संकलन एक अलग महत्त्व रखता है। इति।

—अशोक शास्त्री

क्रम

पंच परमेश्वर

चंदा ने दालान में खड़े होकर आवाज देने के लिए मुँह खोला, पर एकाएक साहस नहीं हुआ। कोठे के भीतर खाँसने की आवाज आई। अभी अँधेरा ही था। कड़ाके की सर्दी पड़ रही थी। गधे भी भीतर की तरफ टाट बाँधकर बनाई हुई छत के नीचे कान खड़े किए बिलकुल नीरव खड़े थे। खपरैल पर लाल-सी झलक थी, देखकर ही लगता था जैसे सबकुछ बहुत ठंडा हो गया था, जैसे स्वयं बर्फ हो। गली की दूसरी तरफ मस्जिद में मुल्ला ने अजान की बाँग दी। चंदा कुछ देर खड़ा रहा, फिर उसने धीरे से कहा—"भैया!"

बिस्तर में कन्हाई कुलबुलाया, अपनी अच्छीवाली आँख को मींडा। उसे क्या मालूम न था ? फिर भी भारी गले से पड़ा-पड़ा बोला—"कौन है ?" और कहते में वह स्वयं रुक गया। नहीं जानता तो क्या रात को दरवाजे खुले छोड़कर सोता। उसे खूब पता था कि कल सूरज-नारायण चढ़े न चढ़े मगर चंदा लगी भोर आकर बिसूरेगा।

दोनों भाई असमंजस में थे। इसी समय चौधरी मुरली की बूढ़ी खाँसी सड़क पर सुनाई दी। चंदा की जान में जान आई। चौधरी को बहुत सुबह ही उठ जाने की टेव थी। वास्तव में टेव-फेव कुछ नहीं। दिन में हुक्का गुड़गुड़ाने से रात को ठसका सताता था और फिर उल्लू की तरह रात को जागकर वह सुबह ही बुलबुल की तरह जग जाते और लठिया ठनकाते सड़क से गली, गली से सड़क पर चक्कर मारते रहते।

इतनी भोर को जो कन्हाई का द्वार खुला देखा, और फिर एक आदमी भी, तो पुकारकर कहा—"कौन है रे ?"

चंदा को डूबते में सहारा मिला। लपककर पैर पकड़ लिए।

"क्यों ? रोता क्यों है ?" चौधरी ने अचकचाकर पूछा, "रंपी कैसी है ?"

"कहाँ है, चौधरी दादा", चंदा ने रोते-रोते हिचकी लेकर कहा—"रात को ही चल बसी।"

"और तूने किसी को बुलाया भी नहीं ?"

चंदा ने जवाब नहीं दिया। सिसकता रहा। गधे अपनी बेफिक्री से मस्ती के आलम में खड़े रहे। उनकी दृष्टि में आदमी ने ही अपना नाम उन पर थोपकर, उनका असली नाम अपने पर लागू कर लिया था।

"ओह! कहाँ है रे कन्हाई!" चौधरी पंच ने अधिकार से कहा—"सुना तूने! अब काहे की दुसमनी! दुसमन तो चला गया। मट्टी से बैर करना सुहाएगा ?"

कन्हाई ने जल्दी-जल्दी धोती पर अपना रुई का पाजामा चढ़ाकर, रुई का अँगरखा पहना और बिगड़ी आँख पर हाथ धरकर बाहर निकल आया। चौधरी ने फिर कहा—"बिरादरी तो तब आएगी जब घर का अपना पहले लहास को छुएगा बाबले! चली गई बेचारी! अब काहे को अलगाव है बेटा ? देख और क्या चाहिए ? तेरी माँ थी न ?"

कन्हाई ने दो पग पीछे हटकर कहा—"दादा! जे क्या कही एक ही ? किसकी माँ थी ? मेरी महतारी सबकुछ थी, छिनाल नहीं थी, समझे ? अब आया है ? देखा ? कैसा लाड़ला है ? नहीं आऊँगा, समझे ? बीधों का छोरा हूँ तो नहीं आऊँगा!"

चौधरी ने शांति लाने के लिए कहा—"हाँ-हाँ रे कन्हाई, तू तो बिरादरी की नाक बन गया। पंच मैं हूँ कि तू ?"

कन्हाई दबका। उसने कहा—"तो मैंने कुछ अलग बात कही है दादा! उसने मेरे खिलाफ क्या नहीं किया! मैंने हड्डी-हड्डी करके उसके चंदा को ज्वान बना दिया। ताऊ मरे थे तब मेरे बाप की आँख फूट गई थी, जो धरेजा किया तो भाभी से ही और अपनी ब्याहता को छोड़ दिया। रिसा-रिसा के मारा है मेरी माँ को। वह तो मैं हूँ, मैंने फिर भी उसे अपनी माँ के बरोबर रखा। तुम तो सब अनजान बन गए ऐसे! घर छोड़ दिया। अपनी मेहनत के बल पै यह घर नया बनाया है। अपना गधा है। जब सपूती का सुलच्छना बड़ा हुआ तो कैसी आँखें फेर गई। वह दिन मैं भूल जाऊँगा!"

चौधरी निरुत्तर हो गए। फिर भी कहा—"पर बेटा, तेरे बाप की बहू थी, यह तेरे बाप का ही बेटा है, तेरा भइया है, दस आदमी नाम धरेंगे। गधा लाद के बाजार से दुकान के लिए सब्जी लाता है। आज वह न सही; अनजाना करके लगा दे कंधा, तेरा जस तेरे हाथ में है। कोई नहीं छूटता, अपनी-अपनी करनी सब भोगते हैं··"

कन्हाई निरुत्तर हो गया। चंदा ने उसके पैर पकड़कर पाँवों पर सिर

रख दिया, और रोने लगा।

"मेरी लाज तो तुम्हारे हाथ है भैया! पार लगाओ, डुबा दो। घर तोऽ तुम्हारा, मैं तोऽ तुम्हारा गधा। कान पकड़ के चाहे इधर कर दो चाहे उधर, पर वह तो बेचारी मर गई · · ·"

और उसकी आँखों का पानी कन्हाई के पैरों पर गर्म-गर्म टपक गया। कन्हाई का हृदय एक बार भीतर ही भीतर घुमड़ आया।

दोनों ने बगल के घर में घुसकर देखा—रंपी निर्जीव पड़ी थी। हल्की चादर से उसका शरीर ढँका हुआ था। न उसे ठंड लग रही थी, न भूख, न प्यास। कन्हाई का हृदय एक बार रो उठा। इससे क्या बदला लेना! एक दिन सबका यही हाल होना है, उस दिन न घर है, न बार, बस मिट्टी में मिट्टी है · · ·

और वह उसके पैरों पर सिर रखकर रो उठा— "अम्माँ · · ·"

रंपी फुँक गई। कन्हाई ने अपने हाथ से आग दी। उसके पेट का जाया न सही, बाप का बड़ा बेटा तो वही था। बिरादरी के लोगों के मुँह से वाह-वाह की आवाज निकल गई। कारज ऐसा किया कि कुम्हारों में काहे को होता होगा! स्वयं चंदा को भेजकर फूल गंगा में डलवा दिया। पाप कौन नहीं करता! मगर हम तो उसकी गत सुधार दें। बारह बामन हो गए। और जब कन्हाई लौटकर तेरहवें दिन अपने घर आया तो ऐसा लगा जैसे अब कुछ नहीं रहा। चंदा गधा लेकर मिट्टी डालने गया था। यही आमदनी थी आजकल। कुछ बढ़-चढ़कर ग्यारह आने रोज, सो मिट्टी के मोल पैसा आने पर मिट्टी के ही मोल चला जाता। गेहूँ की जगह बाजरा-चना सस्ता था। सब वही खाते थे और यही सबसे अधिक सुलभ था। चंदा के पास वास्तव में कुछ नहीं था। रंपी ने अपना पति मरने पर देवर किया। देवर की पुरानी गिरस्ती तोड़ दी, क्योंकि वह चटोरी थी और जलन से सदा उसकी छाती फटती रहती। वह किसी के क्या काम आती! छोड़ा तो है चंदा, उसके पास बस दो साठ-साठ रुपयों के गधे ही तो हैं। पुराना अपना घर गिरवी रखा है और अब शायद छूट भी नहीं सकता। किराए का मकान लेके रह रही थी छल्लो!

कन्हाई का हृदय विक्षोभ से भर गया। भीतर कोठे में घुसकर एक आँख से ढूँढ़कर आँखों पर हरा चश्मा लगा लिया, ताकि आँखों की खोट बाजारवाले न परख लें। पूछने पर कन्हाई कहता—"दुख रही हैं, दुख"—और जवानों से कहता—"स्कूल की लौंडिया देखने को पर्दा डाला है, पर्दा!"—सब सुनते और

हँसते। उसके बारे में कई कहानियाँ थीं कि वह एक प्रोफेसर के यहाँ नौकर था, जिसकी बीवी जवान थी और काम से जी चुराती थी। उसने कन्हाई से खाना पकाने को कहा तो कन्हाई ने अपनी नीची जाति का फायदा उठाने को धर्म की दुहाई दी। बीवी अंग्रेज़ी पढ़ी-लिखी थी। उसने एक नहीं मानी। तब वह नौकरी छोड़ आया। उसके बाद भटक-भटकाकर सब्जी की दुकान की और वह चल निकली कि कन्हाई शौकिया ही एक-दो गधे रखने लगा, बस्ती में लादने के लिए किराए पर चलाने लगा।

कन्हाई ऊबकर दुकान पर जा बैठा। दिन-भर उसका जी नहीं लगा। आज उसे फिर से घर भरने की याद आने लगी। चंदा बाईस वर्ष का हो गया। अचानक ही उसे उस पर दया-भाव उत्पन्न होता हुआ दिखाई दिया। अब तो सचमुच बीच की फाँस हट गई थी। कन्हाई ने अपने पैसे से कारज किया था। हृदय की उद्वेलित अवस्था भीतर के संतोष पर तैर उठी। कन्हाई दुकान बंद करके घर लौट आया।

चंदा के ब्याह के लिए कन्हाई ने आकाश-पाताल एक कर दिया। दिल बल्लियों उछलता था। चौधरी पंच मुरली के घर जाकर जब उसने किस्सा सुनाया तो पंच उछल-उछल पड़े, खाँसी का ढेर लगा दिया। उनकी बहू ने बूढ़ी पलकें उठाकर देखा और गीत गाने के लिए तैयारी करने का वचन दे दिया। आज जैसे घर-घर में हर एक वस्तु में आनंद ही आनंद था। चंदा का घर साफ हो गया। एक ओर मटके सजाकर रख दिए गए। अब चंदा के बच्चे होंगे, वे दिवाली पर दीये बेचेंगे, बड़े होंगे तो चंदा मिट्टी लादने का काम छोड़कर चाक सँभालेगा और फिर हर थिरकन पर झटका खाकर कुल्हड़ पर कुल्हड़ उतर आएगा। चौधरी के पीछे जो बाड़ा है, उसी में भट्ट लग जाएगा। · · ·

चंदा मस्त होकर गा रहा था। फागुन का सुलगता मास था। बारात बाहर गली में बैठकर जीम रही थी। भीतर औरतें गालियाँ गा रही थीं—

'मेरौ गरमी कौ मार खसमो देखिकै रह रह पलटा खाया · · ·
नैकु लहँगा नीची कर लै · ·'

कन्हाई ने रंगीन फेंटा बाँधा था। आज उसके पगों में स्फूर्ति थी; दौड़-दौड़कर इंतजाम कर रहा था। चारों ओर कोलाहल पर प्रकाश की धुँधली किरनें तैर रही थीं। बरातियों के खच्चर, जिन पर वे चढ़कर आए थे, एक ओर मूर्खों-से

चुपचाप खड़े थे, जैसे उन्हें मनुष्य की इस उन्मदिष्णु तृष्णा से कुछ मतलब न था।

और इसी तरह एक दिन बहू ने आकर घूँघट की दो तहों में से देखते हुए कन्हाई के पैर छुए। चंदा की गिरस्ती बस गई। और कन्हाई बगल में अपने घर में लौट गया।

चंदा की गाड़ी जब चलने से इन्कार करने लगी, तभी उसने घर से बाहर कदम रखा। पड़ोस की औरतें लुगाई के इस गुलाम को देखकर कानाफूसी करतीं, राह चलते इशारे करके हँसतीं और जब मिलतीं तो यही चर्चा चलती। चंदा फूलो के सामने पराजित हो गया था। फूलो को देख कुम्हरिया कोई कह दे तो उसे आँखों में काजर लगाने की जरूरत है। वह तो पूरी जाटनी है। जवानी का किला है, लचकती जीभ है, फौरन तर हो जाए। चंदा की क्या बिसात! ऐसा बस्ती में बहुत कम हुआ। दिन में चंदा और फूलो जोर-जोर से बोलते हैं, ठहाके और किलकारियों को सुनकर पड़ोस के लोग दाँतों तले उँगली दबाते हैं। कुंजी, जो प्रायः तीन ब्याहता जवान छोकरियों की मैया है (और तीनों लड़कियाँ गालियाँ गाने में उसका लोहा मानती हैं), वह तक चौंक जाती है कि सरम-हया का तो नामोनिशान ही उठ गया।

इधर चंदा सुबह जाता, सरे साँझ लौटता तो थका-माँदा और फूलो मुँह फुलाकर बैठ जाती। पति-पत्नी में अक्सर पैसों के पीछे झगड़ा हो जाता। चंदा कहता—"तो मैं कोई राजा नहीं हूँ, समझी! जो तू पाँय पसारकर बैठे और मैं दर-दर मारा फिरूँ ?"

कहते-कहते बीड़ी सुलगा लेता। फूलो कभी-कभी रो देती। कहती—"तो तुम मुझे ब्याहकर ही क्यों लाए थे! जमाने की औरतों के तन पर बस्तर हैं, गहने हैं, यहाँ खाने के लाले हैं··"

चंदा काटकर कहता—"ओह, हो! रानी बहू! बस्ती में सब ही ऐसे हैं। तू ही तो एक नहीं है। भैया की तरह सब ही तो नहीं। उनका पैसा-धेली का हिसाब तो मिट्टी में गड़ता है, यहाँ पेट में गचकती है मेरी कमाई, राँड़!"

फूलो कह उठती—"चलो रहने दो। भांजी भाँग के परबीन गाहक तुम ही तो हो। जग के नाम धरे, अपना भी देखा ? ब्याह तो मुफ्त हुआ था, नहीं तो तुम्हें कौन देता छोरी ? सेंत का चंदन, लाला तू लगा ले और घरवालों के लगा ले!"

चंदा विक्षुब्ध होकर बोलता—"तो जा बैठ भैया के घर ही। रोकता हूँ ?

जमाने के मरद पड़े हैं। चली जा जहाँ जाना हो।"

फूलो लजाकर कहती—"अरे धीरे बोलो, धीरे, तुम्हें तो हया-सरम कुछ भी नहीं। कोई सुनेगा तो क्या कहेगा ?"

चंदा हँस देता। और रोज-रोज की बात या तो रोने में समाप्त होती या हँसने में और दोनों काफी देर तक एक-दूसरे से बात नहीं करते, लेकिन बारह बजे रात को अपने-आप फिर दोस्ती हो जाती। चंदा द्विविधा में पड़ा रहा। फिर कन्हाई से एक भी बात नहीं कही। मन-ही-मन उसके वैभव को देखकर ईर्ष्या करता। कन्हाई ने एक और गधा खरीद लिया।

उस दिन जब वह सुबह चंदा को घर पर समझकर खबर देने आया, चंदा तो था नहीं, आँगन में पसीने से लथपथ, अस्त-व्यस्त कपड़ों में प्रायः खुली फूलो नाज पीस रही थी। कन्हाई ने देखा और देखता रह गया। फूलो ने मुड़कर देखा और अपना घूँघट काढ़ लिया। वक्षस्थल फिर भी जल्दी में अच्छी तरह नहीं ढँक सकी।

कन्हाई पौरी में आ गया। और फिर पूछकर लौट आया। चंदा ने गधा खरीदने की बात सुनी और अपनी परवशता के अवरोध में फूलो से फिर लड़ बैठा। फूलो देर तक रोती रही।

प्रायः एक सप्ताह बीत गया। चंदा का मकानदार उस दिन किराया वसूल करने आया था। चंदा ने उसे लाकर आँगन में खाट पर बिठाकर उसकी खुशामद में काफी समय लगा दिया। फूलो कुछ देर प्रतीक्षा करती रही। फिर ऊबकर बाहर सड़क के नल से डोल भरकर कन्हाई के घर में घुस गई। मालूम ही था कि कन्हाई उस समय दूकान पर रहता है, घर पर नहीं।

गरीबी के घर में गुसलखाने नहीं रहते। ऊपर छत पर नहाने से बाबू लोगों के लड़के छिपकर अपने ऊँचे-ऊँचे घरों से देख लेते थे, अतः आँगन के एक कोने में बैठकर नहाने लगी। जूँएँ तो फिर बीन लेगी। जब तक जेठ बाहर है, तब तक जल्दी-जल्दी नहा ले। इसी समय न जाने कहाँ से कन्हाई आ घुसा। देखा और आँखों के सामने से बिजली कौंध गई। फूलो घुटनों में सिर छिपाकर बैठ गई। जब वह कपड़े पहनकर निकली, कन्हाई बाहर पौरी में प्रतीक्षा कर रहा था। फूलो ने देखा और बरबस ही उसके होंठों पर एक तरल मुस्कराहट फैल गई। पौरी में उजाला अधिक न था, तिस पर कन्हाई की आँखों पर चश्मा चढ़ा हुआ। वह थोड़ा ही देख सका किंतु पुराना आदमी था। समझ काफी दूर ले गई। कहा—"बहू! चंदा कहाँ है ?"

उसके स्वर में बड़प्पन था, अधिकार; डरने का कोई कारण शेष नहीं

रहा। उसने सिर झुकाकर घूँघट खींच लिया और पाँव के अँगूठे से भूमि कुरेदते हुए कहा—"घर बैठे हैं।"

कन्हाई ने फिर कहा—"तो ले। लिए जा। बना लेना।"

दो ककड़ी भीतर से लाकर दे दीं हाथ में। फूलो ने घूँघट पकड़कर उठानेवाली उँगलियों के बीच से देखा और मुस्कराती हुई ककड़ियों को डोल में रखकर चली गई।

कन्हाई कुछ सोचता-सा खड़ा रहा। चंदा ने देखा और पूछा—"यह कहाँ से ले आई ?"

कन्हाई ने भी अपने आँगन से वह संदेह-भरा स्वर सुना। वह साँस रोककर प्रतीक्षा में खड़ा रहा, देखें क्या कहती है ? फूलो ने तिनककर कहा—"परसों दो आने दिए थे। तुम्हारी तरह मैं चाट उड़ाती हूँ ? दारू पीती हूँ ? बच रहे सो कभी-कभार खाने को जी चाह ही आता है, सो ही ले आई।"

"कहाँ से ? भैया की दुकान से ?" चंदा ने फिर उपेक्षा से पूछा।

"हाँ ! नहीं तो ?" फूलो ने धीरे से उत्तर दिया।

"राम-राम", चंदा का स्वर सुनाई दिया—"भइया हैं ये ? अकेले का खरच ही क्या है ? इसलिए जोड़-जोड़कर रखते हैं ? कौन है इनका ? न आगे हँसने को, न पीछे रोने को। दो ककड़ी तक नहीं दे सके जो फूटी आँख से देखकर दाम ले लिए ?"

फूलो ने उत्तर नहीं दिया। कुछ बुरबुराई अवश्य, जिसे कन्हाई नहीं सुन सका। उसके दाँतों ने क्रोध से भीतर पड़ी जीभ को काट लिया। कैसी यह दुनिया ? मतलब के साथी हैं सब। इनका पेट तो नरक की आग है। बराबर डाले जाओ, कभी भी न बुझेगी। हाथ फैलाना सीखे हैं। कभी उल्टा करना नहीं आया।

फिर मन एक अजीब उलझन में पड़ गया। ब्याह हुए अभी तीन महीने भी नहीं हुए, बहू ने यह क्या रंग कर दिए ! ठीक ही तो है। भूखा मारेगा तो क्यों मरैगी सो ? उसके तन-बदन में जोस है तो दस जगह खाएगी। ऐसी क्या बात है लाला में जो सती हो जाए। जैसा फैरा, वैसा धरेजना। बैयर तो राखे से रहेगी।

एक कुटिलता उसके होंठों पर झटका खा गई।

•

बरसात की ऊदी घटाओं ने आकाश घेर लिया। आँगन की कीच से पाँव

बचाता हुआ कन्हाई भीतर आकर बैठ गया। आज रोटी बनाने का मन नहीं कर रहा था। उठकर दीया जला दिया और चुपचाप उसे देखता रहा। दीया भी अपनी एक आँख से ही चारों ओर के अंधकार को देखकर काँप रहा था, जैसे बार-बार उसकी पलकें झपक जाती हों। बाहर अँधेरा छा चुका था। दूर पर सड़क भी नीरव थी। कीचड़ के कारण बहुत कम लोग इधर से उधर आ-जा रहे थे।

एकाएक दालान में खड़-खड़ की कुछ आवाज हुई। कन्हाई ने शंका से पुकारकर कहा—"को है रे ?"

एक मरियल कुत्ता लकड़ियों के पीछे से निकलकर चला गया। कन्हाई झेंप गया। उठकर बाहर चला गया। निन्हू हलवाई की दुकान पर जाकर दूध पिया और लौट आया। अब कौन खाने के पीछे हाय-हाय करता ? अपना क्या है ? जो खा लिया, सो ठीक है। गिरस्ती के चक्कर हैं।

कन्हाई बिस्तर पर लेट गया। कुछ ही देर बाद उसकी औंघ किसी के खिलखिलाकर हँसने की आवाज से टूट गई। इस व्याघात से उसका मन असंतोष से भर गया। निश्चय ही फूलो की हँसी थी। और फिर उसने देखा, वह रात थी, घटाओंवाली रात, सनसनाती, आकाश से पृथ्वी तक फन फुफकारती, रह-रहकर लरजती। आँखों के सामने अप्रस्तुत का चित्र आया : चंदा! फूलो! रात! बिस्तर और···।

कन्हाई पशु की तरह एक बार आर्त्त स्वर से कराह उठा। बगल के घर की ध्वनियों ने उसे बेचैन कर दिया। अभी कुछ देर पहले पड़ोस की औरतों ने गाकर बंद किया था—

'रँडुआ तो रोवै आधी राति—
सुपने देखी कामिनी···'

अपमान से कन्हाई का पुरुषत्व क्षण-भर को विषधर साँप की तरह बदला लेने की स्पर्धा से भर गया। क्यों है वह आज ऐसा कि बिरादरी में लोग उसके पास पैसा रहने पर भी उसकी इज्जत नहीं करते ? सब उसे देखकर हँसते हैं। और यह चंदा! जो कुल दस-बारह आने लाता है, उसी में गिरस्ती चलाता है, उसको न्यौता भी है, बुलावा भी है, उसके गीत भी हैं··

क्योंकि वह बिजार नहीं है। उसके घर है, उसकी बात है, एक गिरस्त की बात, जिसमें दुनियादारी की समझ है। उसका कोई था ही नहीं जो उसका ब्याह कराता। जैसे वह तो आदमी ही न था। तभी भी सब अपने-अपने में

लगे थे, आज भी वही। कन्हाई व्याकुल-सा बिस्तर पर बैठ गया। आकाश में बादल गरज रहे थे। अभी उसकी आयु ही क्या थी ? पैंतीसवाँ ही तो था। तब शहर में प्लेग फैला था, कन्हाई घुटनों चलता था। आज वह अकेला रह गया है। जैसे उसका कहीं कोई नहीं। उसके द्वार पर न सौना सरबन कुमार है न आँगन कोई लिपा-पुता ही। खुद ही जब ऊब जाता है, सोचता है घर साफ करे, किंतु वह औरत नहीं है। लुगाई का एक काम करते ही आँखें फूट चलीं। चूल्हा फूँकना लोग का काम नहीं।

क्या नहीं किया उसने चंदा के लिए ? क्या था उसके घर ? आज तो लाला छैला बन गए हैं ? कैसी माँग-पट्टी काढ़के फेंटा बाँधना आ गया है। बेटा के पास अधेली भी नहीं, बड़ा सतूना बाँधा है।

उपेक्षा से उसके होंठ टेढ़े हो गए। कन्हाई को याद आया : उसके पास पैसा है। वह भी ब्याह करेगा। चंदा तो उसे लूटे जा रहा है। उसके गधों की लीद तक उसकी अपनी नहीं। क्या करे वह उसका ? आती है वह हरंपा फूलो और ले जाती है बटोरकर, लेकिन कौन धन जमा कर लेगी ? उसके चंदा की रोजी ही क्या है ? वह तो इज्जतदार है। परसों उसने बिन्नू की जमानत दी है। दुकान है दुकान। कैसी लड़ती है चंदा से दिन-भर और रात को···

कन्हाई का ध्यान फूलो पर केंद्रित हो गया। काँसे के हैं सब। बोरला तो, कड़े तो, खंगवारी तक। वह चाँदी के मढ़वा सकता है। फिर उसे वह दृश्य याद आया कि कैसे वह भीतर बिना खाँसे घुस रहा था चंदा के घर में और फूलो बैठी चक्की पीस रही थी। यौवन का वह गदराया स्वरूप याद आते ही कन्हाई हारकर लेट गया। किंतु वह क्यों अकेला रहे ? चंदा को ऐसे सुख से रहने का ऐसा क्या हक है ? जन्म हुआ तब से उसे कभी सुख-चैन न मिला। वह दूसरों के लिए कर-करके मरता गया और लोग-बाग अपना-अपना घर भरते गए। किसी ने यह भी नहीं पूछा कि भैया कन्हाई, तेरे भी कुछ सुख-दुख हैं ? कोई नहीं। सब अपने-अपने मतलब के।

कन्हाई का चंदा के प्रति विद्वेष मुखर हो गया। अनजाने ही विरोध जाग उठा। कल उसके बच्चे होंगे, तो क्या मेरा नाम चलेगा ? बूढ़ा हो जाऊँगा तो खाट की अदमान तक कसने कोई नहीं आएगा। अपने फिर भी अपने हैं, पराया तो पराया ही रहेगा···

बादल आपस में टकरा गए। घोर वर्षा होने लगी। कन्हाई तड़पता-सा करवट बदलता रहा। सामने अंधकार में फूलो आकर खड़ी हो गई। पुरानी

घृणा ने फिर आघात किया। वह स्वयं ऐसी है नागिन। जेठ से आँख मिला के बात करना क्या खेल है ? कैसी आती है बात-बात पर। है बड़ी रुठल्लो, बाप के घर में उसके कुछ है नहीं, नहीं तो पीहर भाग-भाग जाती। बहू रखना भी आसान काम नहीं है। कहीं गधे ढो के आराम नहीं किए जाते। मैं ऐसे कब तक समझौते कराता फिरूँ। चंदा भी कोई आदमी में आदमी है ?

फिर वह मुस्करा उठा।

कौन नहीं जानता चंदा लुगपिटा है। लुगाई की ठसक देखो, मालक तो गधा है। वह चमक-चौदिसवाली, डबल बचा नहीं कि फौरन खोम्चावाला बुलाया और चाट उड़ा गई।

मुझे क्या मालूम नहीं कि वह चंदा से बचा-बचा के खाती है, चोरी करती है।

फिर वही चंचल आँखें अँधेरे में चमक उठीं। कन्हाई के सीने पर किसी ने कटारों की जोड़ी भोंक दी। आसमान में जोर से बिजली कड़क उठी। अरे काम तो काँकर-माटी के खानेवालों को सताता है, फिर दूध-मलाईवालों की तो बात ही और है। चंदा बेटा का गरूर तो देखो ! अरे तुझे ही देखूँगा। तेरी मैया ने मेरा घर तबाह किया था।

कहीं दूर बिजली बड़ी जोर से कड़ककर गिरी। कन्हाई जागता रहा।

भोर हो गई, लेकिन आकाश में बादल छाए रहे। एक सन्नाटा समस्त बस्ती में समान रूप से घहर रहा था। कभी-कभी सड़क पर भूँकते कुत्तों के शोर से वह हल्की मगर घनी तह टूट जाती थी और जैसे-तैसे स्वर पीछे खिंचने लगते थे कि वही निस्तब्धता अपना दबाव डालने लगती थी। हवा ठंडी थी। हल्की-हल्की बूँदाबाँदी हो रही थी। समय काफी हो गया था। दफ्तरों और नौकरियों पर जानेवाले सवेरे अँधेरे ही अपनी तकदीर कोसते जा चुके थे। सड़क पर भी गाँवों की-सी हल्की तंद्रा छा रही थी। गली में चारों तरफ कीच ही कीच हो गई थी। कन्हाई की आँख खुल गई। उसने सुना, आँगन में कोई औरत चल रही थी। बिछियों की हल्की आवाज उसके कानों में उतरकर दिल में समा गई। वह एकदम उठ बैठा। बाहर निकलकर देखा, फूलो चुपचाप उसके गधों की लीद जमा कर रही थी। उसको देखकर उसके शरीर में नशा-सा फैल गया। पास जाकर कहा—"यह चोरी कर रही है बहू ?"

फूलो ने घूँघट नहीं खींचा। मुँह उठा दिया। गेहुएँ रंग में दो मांसल

आँखें थीं, जिनमें से रात का खुमार अभी बिल्कुल मिटा नहीं था। देखा, और धीरे से बोली—"चोरी काहे की जेठजी। वे तो अँधेरे ही लदाई लिए गधा लेकर चले गए। अब बरसात भी तो लग गई है। जो हाथ लगे उसी को बटोर लूँ। कंडे बना लूँगी, कुछ तो काम निकलेगा ही।"

कन्हाई प्रसन्न हुआ, किंतु प्रकट नहीं होने दी उसने वह चंचलता। निरातुर स्वर से कहा—"क्यों ? चंदा गिरस्ती नहीं चला पाता ?"

"अपना-अपना भाग है जेठजी। इसमें कोई क्या करे! भरद जिसका जोग होगा, लुगाई उसकी पाँय पै पाँय धरके बैठेगी।"

"तुझे बड़ा दुख है बहू ?" यह प्रश्न न होकर एक वक्तव्य के रूप में एक निश्चयात्मक ध्वनि में कन्हाई के मुख से निकला, जैसे उसे स्वयं इस पर पूरा विश्वास हो और वह अपनी बात को पीछे नहीं लेगा। फूलो की आँखों में पानी भर आया। उसने मुँह फेरकर आँखें पोंछ लीं। कन्हाई ने उससे कहा—"जो चाहे माँग लिया कर मुझसे। लाज न करियो। अपना ही घर समझ। चंदा तो निखट्टू है, निरा बुद्धू; समझी ? तेरा ही है सबकुछ। खा, पी, मेरा और कौन है ?"

"ब्याह क्यों नहीं कर लेते ?" फूलो ने टोककर पूछा।

"ब्याह ?" कन्हाई ने ऊपर देखकर कहा—"ब्याह करके क्या होगा ? मेरे तो परमात्मा ने सब दिया। तू फिकर न कर। मेरे रहते कोई तेरा बाल भी बाँका नहीं कर सकता। यहीं रह तो भी डर नहीं। कन्हाई का नाम बिरादरी में एक है। तेरे लिए उसका सबकुछ हाजिर है।"

फूलो ने आँख टेढ़ी करके कहा—'बिरादरी क्या कहेगी ? जात-भाई क्या कहेंगे ? मेरा बाप क्या कहेगा ? और तुम्हारे भैया की कौन सुनेगा ?"—जैसे फूलो ने सात पेड़ एक ही बार एक ही बाण से बेंधने की कड़ी शर्त सामने उपस्थित कर दी थी।

कन्हाई ने निडर होकर कहा—'बिरादरी कुछ नहीं कह सकती। हुक्का-पानी बंद करेंगे तो जात-भाई देखेंगे कि कन्हाई बीड़ी-सिगरेट पिएगा। तेरे बाप को क्या मतलब ? वह तो एक बार पैर पूज चुका। और चंदा की हैसियत ही क्या मेरे सामने खड़ा हो ? तुझमें हिम्मत होनी चाहिए।"

फूलो ने अविश्वास से पूछा—"दगा तो नहीं दोगे ? मैं कहीं की भी नहीं रहूँगी ?"

कन्हाई ने हाथ पकड़कर कहा—"सौगंध है गंगाजली की। परिजापती का बेटा हूँ तो धोखा नहीं दूँगा। आज से तू मेरी है। यह घर अब तेरा है। उस

भिखारी से तेरा कोई नाता न रहा। रह, हुकूमत कर। मैं चंदा नहीं हूँ जो मिट्टी डालने में बात-बात पर बाबू लोगों के जूते खाऊँ और हँसके चुप रह जाऊँ।··· लौट के तो नहीं भागेगी ?"

"सौगंध है, मेरे एक बालक न हो जो तुम्हें छोड़कर जाऊँ।"

कन्हाई ने आनंद के आवेश में उसका हाथ जोर से दबा दिया और कोठे में घुसकर द्वार बंद कर लिया। बूँदें गिरने लगी थीं। आसमान साफ होने का नाम ही नहीं लेता था, जैसे पृथ्वी चारों ओर से घनी उसाँसों पर उसाँसें छोड़ रही थी।

बिजली की तरह बात बस्ती के वातावरण पर कौंध गई। चंदा ने जब लौटकर घर खाली देखा और देखा कि चूल्हा बिल्कुल ठंडा पड़ा है तब उसका माथा ठनका। सोचा, शायद पीहर चली गई है। बिना किसी से कहे अपनी ससुराल चल पड़ा। दो दिन बाद जब वहाँ से लौटा तो पग भारी थे, हृदय में घृणा और क्रोध की भीषण आग लग रही थी। इधर कुंजी ने आते ही खबर दी—"लाला ? कहाँ चले गए थे रूठकर ? बहू बिचारी किसके जिम्मे छोड़ गए थे ? लाचार कन्हाई ने दया की और बिचारी के दो टूक खाने का तो सिलसिला लगा !"

चंदा के पैरों के नीचे से जमीन खिसक गई। सीधे जाकर कन्हाई के आँगन में जा बैठा। फूलो ने भीतर से देखकर कहा—"क्यों आए हो ?"

"क्यों आया हूँ ?" चंदा ने तड़पकर कहा—"हरामजादी ! यहाँ आ गई और मैं तेरे पीछे जहान ढूँढ़ता फिरा ?"

कन्हाई घर पर था नहीं। दुकान गया था। फूलो ने भीतर से ही कहा—'फिर आना, जब वे आ जाएँ, और नहीं, लोग कहेंगे दिन-दहाड़े पराए मरद घर में बैठे हैं।"

चंदा के मुँह की आवाज मुँह में ही रह गई। क्षण-भर वह वज्राहत-सा किंकर्त्तव्यविमूढ़ कुछ भी नहीं समझ सका। फिर स्वस्थ होकर कहा—"अब चल, यहाँ क्या कर रही है ? रोटी सेंक दे।"

फूलो निर्लज्जता से हँसी, कहा—"अब मैं तुम्हारी नहीं हूँ, समझे ? जब तुम्हारे भैया लौट आएँ तो उनसे बात करना।"

चंदा नहीं उठा। कन्हाई के घुसते ही फिर लड़ाई शुरू हो गई। जब जूतम-पैजार तक हो गई तब और कोई चारा न समझकर फूलो घूँघट

काढ़ के दोनों के बीच में आकर खड़ी हो गई। उस समय काफी शोरगुल सुनकर बस्ती के कितने ही बड़े-छोटे एकत्रित हो गए। बच्चों ने व्यर्थ ही युद्ध का वातावरण लाने को खूब हल्ला किया। कन्हाई और चंदा दोनों छूट-छूटकर एक-दूसरे पर झपटते थे। चंदा जवान था, इसी से लोग भय से उसे पकड़ लेते थे और स्वाभाविक ही था उसका अधिक क्रोधित होना। इसी बीच में कन्हाई दो-एक मार जाता था। इसी बीच-बचाव की हरकत में चंदा काफी पिट गया, क्योंकि एक चोट भी दस के बीच में बीस चोटों के बराबर है। अपमान से विह्वल होकर चंदा रोने लगा। आँसू देखकर यद्यपि लोगों के हृदय में दयाभाव उत्पन्न हुआ किंतु स्त्रियों ने ठिठोली कर दी। कैसा बालिक है जो जार-जार रो रहा है।

चंदा लौट आकर बड़ी देर तक घर पर रोता रहा। सब जानते थे। कन्हाई से कुछ नहीं कहा। क्या सबकी आँखें फूट गई हैं ? बिरादरी के कान फूट गए हैं ? उठा और चौधरी पंच मुरली के घर की चौखट पर जा बैठा। चौधरी कहीं से सफेदी करके लौटे थे, हाथ-पैरों और गालों पर सफेद-सफेद छींटे दिखाई दे रहे थे। सुन तो चुके ही थे। फिर भी कहा—"कह, चंदा, कैसे आया है ?"

चंदा का गला रुँध गया। लाज ने जैसे उँगलियाँ गड़ा दीं। कैसे कहे कि उसके जीते-जागते लुगाई दूसरे के घर जा बैठी ? वह मरद ही क्या जिसमें इतना भी जोर नहीं कि औरत उसके कहने पर चले ? मरद तो वह कि निगाहों पर बैयर के पाँव उठें। पलकें थम जाएँ तो उठा कदम थम जाए। किंतु अवरोध अधिक नहीं टिका। दौड़कर चौधरी के पाँव पकड़ लिए। चौधरी ने संदिग्ध दृष्टि से देखकर गंभीरता से पीढ़े पर बैठते हुए हुक्का सँभाला और पूछा—"तो कुछ कहेगा भी कि रोए ही जाएगा ? क्या आफत टूट पड़ी ऐसी ?"

चंदा ने कहा—"दादा, नाक कट गई। इज्जत धूल में मिल गई।"

चौधरी ने विस्मय से कहा—"अरे! सो कैसे ?"

"बहू तो भैया के जा बैठी ?"

चौधरी को जैसे झटका लगा। पूछा—"सच ? यह कैसे ?"

"क्या बताऊँ ? गरीब आदमी हूँ। सुबह ही निकल जाता हूँ। संझा को आता हूँ, दिन-भर वह घर में रहती है, भैया रहते हैं, फुसला लिया बिचारी को। मिठाई-विठाई खिलाते रहे। अब दादा, गिरस्ती सँभालनेवाले का ही हाथ तंग होता है। अकेला बिजार तो सड़क पर ही खाने को पा जाता है। सो

चटाने को पैसे की क्या कमी ? गरीबी तो तब है जब रोज का बोझ है ?"

चौधरी ने सुना। सिर हिलाया। कहा कुछ नहीं। चंदा ने फिर कहा—"दादा, पंच परमेश्वरों के रहते परजापतियों में ये अधरम होगा ?"

"पंचायत बुलाएगा ?" चौधरी ने शंका से पूछा, "बड़ा खरचा होगा और हारने पर दंड भुगतान करना पड़ेगा।"

"हारूँगा कैसे चौधरी ? मैं क्या गलत कह रहा हूँ! मेरी लुगाई है, ब्याहता है, मैं तो उल्टे रुपए लूँगा। मेरे जीते-जी दूसरे के पास जा बैठी है। और छोटे की बड़े भाई के घर बैठने की कोई रीत नहीं, बड़े की छोटे के यहाँ बैठने की तो रीत भी है। कोई दिल्लगी है ?" चंदा ने सिर उठाकर कहा। चौधरी ने फिर भी उत्तर नहीं दिया। उसने गंभीरता से कहा—"तेरी मर्जी।"

चंदा उठा, चला। राह में याद आया। खरचे को पैसा कहाँ है ? दो महीने का तो घर का ही किराया चढ़ा हुआ है। अब तक तो कैसे भी खुशामद से काम चल गया, लेकिन अबके कैसे भी मकानदार राजी नहीं होगा। कहेगा—दिल्लगी हो गई ? खैर, तब ब्याह की बात थी, धेली-पैसे की बात, हाथ रहा न रहा, अब उसके पास तो कुछ था नहीं। वही मजूरी के दस-बारह आने आए जो, सो उन्हीं में से चार आने खाएगा, बाकी बचाएगा, लेकिन उससे भी कितने दिन काम चलेगा ? ऐसा क्या बच जाएगा ? फिर विचार आया, अभी रुपया लगा दूँगा। एक गधा बेच दूँ। पंचायत भी हो जाएगी। किराया भी चुक जाएगा और फिर तो कन्हाई को रुपए भरने ही पड़ेंगे। फिर फूलो भी नहीं रहेगी। अपने मस्ती का खरच चलेगा। और जो फूलो लौटी तो कन्हाई दंड भुगतान देगा और अबके फूलो से भी नौकरी करवा लूँगा। तब घर ठीक से चल पड़ेगा। अबके तो हरामजादी को जूते की नोक के नीचे रखूँगा, ऐसा कि याद करे। मैंने ही दुलार कर-करके बिगाड़ दिया उसे।

उधर कुंजी और अनेक स्त्रियों में ठिठोली हो रही थी। लजमंती ने कहा—"ऐ भैना, एक आँख का कर बैठी। दो आँखों से ऐसी क्या दुश्मनी निकली ?"

"कलदार की ठसक है बेटी, कलदार की।" चंपी ने कहा और हाथ मटकाए। कुंजी अपने ग्यारहवें बच्चे को बैठी दूध पिला रही थी जो अपने सबसे बड़े भाई से लगभग सत्ताईस बरस छोटा था। बैठे ही बैठे मुस्कराई और गा उठी—'जैसे देवरिया मलूक तैसे होते बालमाउ . . .'

हँसी-दिल्लगी के इस व्यापार में एक कौतूहल था, एक ईर्ष्या की अभिव्यंजना थी। सब जानते थे फूलो बदमाश थी, लेकिन चंदा के गरीब होने के कारण

किसी बात पर पक्का निर्णय नहीं ठहरता था।

शाम हो चुकी थी। अँधेरा गहरा हो गया था। बस्ती अँधेरे में डूब गई थी। किसी-किसी के ओसारे में दीया जल रहा था। औरत और मरद आँगनों में बैठे बात कर रहे थे, हुक्का पी रहे थे। औरतें रोटी बना चुकी थीं। मरद खा चुके थे। अब रात हो गई। दुनिया की रोशनी सूरज है। वही चला गया तो फिर रात से होड़ किसलिए ? कैसे हुआ यह ? रासन, फलाने का ब्याह, फलाने का दहेज आदि अनेक बातें हैं जिन पर वे बहस करते हैं और कच्चे मकानों में चुपचाप सो जाते हैं। उनके गधे चुपचाप खड़े रहते हैं, कभी सोते हैं, जागते हैं, उनके सोने-जागने का भेद भी अधिक स्पष्ट नहीं।

चौधरी पंच ने कन्हाई के घर में प्रवेश किया। उस समय कन्हाई कोठे से बाहर निकल रहा था। फौरन आगे बढ़कर कहा—"आओ दादा, आओ !"

पीढ़ा डाल दिया। हुक्का भरकर फूलो पास में ही घूँघट काढ़कर धर गई। चौधरी ने टेढ़ी आँख से उसका वह गदराया आकार देखा और हुक्के में कश मारते हुए वे सब समझ गए। कन्हाई ने इधर-उधर की बातें कीं। फिर उठाकर भीतर से एक चीज लाया। चौधरी ने देखा। हँसकर कहा—"अरे, इसका क्या होगा ?"

किंतु कन्हाई ने कहा—"तो बात ही क्या है दादा ? कौन पराए हो ?"

और खोल दी ठर्रे की बोतल। "अब तो", चौधरी ने कुल्हड़ में मुँह लगाते हुए कहा—"महँगी हो गई है, हो गई है न ?"

"दादा, लड़ाई है जे। कौन महँगा नहीं हो गया है ? मैं नहीं हुआ, कि तुम नहीं हुए ? अब तो मौत का इतना खरचा नहीं, जितना जिंदगी का !"

दोनों हँसे। हल्का नशा चढ़ चुका था और अब खोपड़ी में घोड़े की-सी टाप लगने ही वाली थी। ठर्रे की महक में कन्हाई ने कहा—"दादा, तुम्हारा ही भरोसा है !"

चौधरी ने झूमते हुए कहा—"अरे, काहे की फिकर है तुझे ?" कन्हाई ने हर्ष से कुल्हड़ फिर भर लिया और चौधरी के 'हाँ-हाँ' करते भी उनके कुल्हड़ में आधी बोतल खाली कर दी। और उसके बाद चेतना के सत पर वही अंधकार छा गया जो बाहर एकाग्रचित्त होकर तड़प रहा था।

पंचायत बड़े जोर-शोर से जुड़ी। चारों तरफ यही एक चर्चा थी। बस्ती के

सारे मरद कुम्हार आकर इकट्ठे हो गए। चौधरी चौतरे पर आ बैठे। हुक्का हाथों-हाथ घूमने लगा। चौधरी ने पहले कश लगाए और हुक्का सरका दिया। एक ओर कन्हाई खड़ा हुआ था। उसके शरीर पर सफेद अँगरखा, साफ धोती थी और साँझ होने पर भी आँखों का खोट छिपाने को हरा चश्मा लगा हुआ था। फूलो घूँघट काढ़े बैठी थी। दूसरी ओर चंदा था। मैली धोती, मैली फितूरी और मैली ही हल्की-सी नखदार टोपी मशीन से कटे बालों पर चिपक रही थी।

चौधरी ने गंभीरता से पूछा—"तुमने क्या किया ?"

चंदा ने कहा—"पंच परमेश्वर सुनें। चौधरी महाराज ने पूछा है, मैंने क्या किया ? सो कहता हूँ। बड़े भैया ने छोटे की बहू घर डाल ली है। वह उसकी बेटी के बराबर है।"

चौधरी ने रोककर कहा—"सो हममें भेद नहीं है चंदा। बड़ी जातों में बड़े की बहू माँ समान है, हमारे तो यह कायदा नहीं। यह बामन-छत्री जात की बात है। हम तो नीच कहे गए हैं। और सुना!"

चंदा का पहला बाण पत्थर से टकराया, फलक टूट गया! शिकारी विह्वल हो गया। उसने फिर धनुष पर बाण निकालकर चढ़ाया। कहा—"मेरे जीते-जी दूसरी ठौर जा बैठी है। मुझे हरजाना मिल जाना चाहिए।"

चंदा बैठ गया। पंचों के सिर हिले, कानाफूसी हुई और कोलाहल से जगह भर गई। चौधरी ने फिर कहा—"कन्हाई, बोलो, तुमने लड़की को घर कैसे डाल लिया ?"

कन्हाई ने नम्रता से कहा—"चौधरी महाराज न्याय करें। घर में भूखी नार आई। मालिक रोटी तक न जुटा सका। तब मैंने देखा, घर की बैयरं डगर-डगर ठोकर खाएगी, सो कहा—रह, तेरा घर है। मुझे कौन छाती पर बाँध के ले जाना है ?"

चौधरी ने कहा—"पंच सुनें। फूलो कहे कि कन्हाई ने ठीक कहा। क्या चंदा के घर तुझे खाना नहीं मिलता था ?"

फूलो ने स्वीकार किया। चौधरी ने कहा—"पंच बताएँ। लुगाई तब तक ही रहेगी जब तक मरद खाना देगा, भूखी मरने को तो नहीं ?"

"नहीं", पंचों ने एक स्वर उत्तर दिया।

कन्हाई ने फिर कहा—"चंदा के फूलो के बाप ने जब ठौर कर दी, तो चंदा ने वादे के जेवर नहीं दिए!"

चंदा गरजकर बोला—"यह झूठ है, मैंने कोई वादाखिलाफी नहीं की।"

चौधरी ने रोककर कहा—"फूलो, बता कि किसने ठीक कहा ?"

फूलो ने फिर इंगित से कन्हाई की बात को ठीक साबित किया।

चंदा घृणा से विक्षुब्ध हो गया। चौधरी ने कहा—"और तो बात साफ हो गई। जैसे बड़े की छोटे ने की, तैसी छोटे की बड़े ने की। जेवर नहीं दिए, वादाखिलाफी की, रोटी नहीं दी सो वह क्यों रहती ? पंच बताएँ, किसका कसूर है ?"

पंच फिर परामर्श करने लगे।

चंदा ने उठकर कहा—"पंच परमेश्वर की दुहाई। चौधरी भगवान के औतार हैं। मैं गरीब हूँ; जैसी रूखी-सूखी मैंने खाई, तैसी उसे खिलाई। घर-गिरस्ती के मरद के पीछे लुगाई चलती है। बताएँ मैंने क्या दोस किया ?"

फिर पंच विचार में पड़ गए। चौधरी ने सबके शांत होने पर फिर कहा—"चंदा रुपए माँगता है कि उसके जीते-जी बहू ने दूसरी ठौर कर ली। अगर उसने दूसरा ब्याह करके फूलो को छोड़ा होता तो जब तक फूलो दूसरी ठौर नहीं कर लेती तब तक उसका महीना उसे बाँधना पड़ता। सदा की रीत है कि चंदा को रुपया मिलना चाहिए। पंचों का न्याय हो ? भूखी मारी या न मारी, वह खुद गरीब है। बेटी बाप ने देते बखत क्यों नहीं सोचा। जैसा खुद खाया तैसा उसे खिलाया। लेकिन ब्याहता है उसकी फूलो। फूलो रजामंद नहीं कि ब्याह करके जन्म-भर भूखी मरे। वह ठौर छोड़ गई। जो खाने को दे, जो पालन करे, वही भरतार। पंच कहें। रुपया लेने का चंदा को हक है या नहीं ?"

फिर कोलाहल मच उठा। चौधरी ने तो जैसे हाथ धो लिए। उन्हें अब निर्णय को दुहराकर सुना देना था। फूलो अभी तक चुप खड़ी थी। बाजी कमजोर पड़ रही थी। उसे यह असह्य था। इससे तो वह कुलटा साबित हो जाएगी। बैठ गई सो बुरा नहीं, पर यह रुपया देना तो भुगतान है। उसने भरी पंचायत में आगे बढ़कर कहा—"चौधरी भगवान हैं। पंच परमेसुर हैं। लुगाई मरद की है, मगर जो मरद ही न हो, उसकी कोई लुगाई नहीं है।"

सबने विस्मय से सुना। सच, ठीक कहा था। ब्याह हो जाने से ही क्या ? पुरुषार्थहीन पुरुष को कोई अधिकार नहीं कि वह स्त्री को दास बनाकर रखे।

पंचायत उठ गई। चंदा पर पच्चीस रुपए दंड लगाए गए, जो रोष से उसने वहीं फेंक दिए और हारकर लौट आया। आज उसे कहीं मुँह तक दिखाने की जगह न थी। अब उसका कहीं ब्याह नहीं हो सकता। भरी

पंचायत में फूलो ने उसकी टोपी उछालकर पैरों तले कुचल दी थी। यह ऐसी बात थी जिसमें फूलो की बात अंतिम निर्णय थी।

कन्हाई फूलो को लेकर लौट आया और रात को कन्हाई और चौधरी ने फिर से ठर्रे की बोतलें खोलीं और दोनों मस्त होकर पीने लगे। जब बहुत रात हो गई तब चौधरी लड़खड़ाते हुए चले गए। फूलो चुपचाप बैठी थी। वह न जाने क्या सोच रही थी और कन्हाई नशे से आँगन में औंधा पड़ा था।

दूसरे दिन शाम को मकानदार ने चंदा का किवाड़ खटखटाया। चंदा ने चुपचाप उसके हाथ पर किराया रख दिया। वह झूम रहा था। उसके मुँह से दारू की बू आ रही थी। मकानदार चुपचाप लौट गया।

चंदा लौटकर पीने लगा और बकने लगा—"बेटा कन्हाई, छिनाल तो छिनाल ही रहेगी। कुत्ते की पूँछ क्या सीधी हुई है ? तेरी बहार भी कै दिन की है ? बेटा, अब गिरस्ती पड़ी है, अब दो दिन बाद तेरे भी खरचे देखूँगा। हाथ-पाँव ढीले हो जाएँगे, पर मैं करूँगा मजे बेटा! चटाने को तो मेरे पास भी पैसे हो जाएँगे, समझा ? भगवान समझेगा तुमसे, पापी!"

और वह देर तक बकता रहा, जोर-जोर से सुनाकर बकता रहा। कन्हाई ने सुना और संदिग्ध दृष्टि से फूलो की ओर देखा। उसका हृदय भीतर ही भीतर काँप उठा। फूलो समझ गई। चूनर के कोने में बँधे बीस रुपए खोल लिए। पाँच पंचायत में लग गए। बीसों रुपए आँगन में खड़े होकर चंदा के आँगन में बीच की जैर पर से फेंक दिए और कहा—"भूखा मत मर। तेरे धन से सुरग नहीं जाऊँगी। समझा ? ऐसे चटाने को बड़ा मक्खी का छत्ता लगा रखा है न ?"

कन्हाई ने सुना—रुपए चंदा के आँगन में खन्न करके गिरे और बिखर गए, किंतु चंदा उस समय नशे में बेहोश पड़ा था। उसे कुछ भी मालूम नहीं पड़ा।

फूलो आगे बढ़ आई, गर्व से कन्हाई की ओर देखा और चंचल हँसी बरबस ही अंग-अंग को गुदगुदाती उसके होंठों पर काँप गई। कन्हाई ने सिर झुका दिया। उसने मन-ही-मन अनुभव किया—फूलो बहुत जवान थी और वह भाटे पर था।

[हंस, अगस्त '45]

घिसटता कंबल

प्रभात की जिस बेला में कोयल का बोल सुनाई देता है, रागिनी उसे अपने सुहाग का एकमात्र शुभ लक्षण समझकर हर्ष से गद्गद हो उठती है। दूर एक पेड़ है, वरना उस मुहल्ले में पत्थरों, ईंटों और उनकी कठोरता के अतिरिक्त और कुछ भी नहीं है। वह दूर-दूर तक देखती है। कहीं कुछ भी नहीं दिखाई देता। लौटकर जाती है, चूल्हे पर पानी रख देती है और घुटनों पर सिर रखकर सोचने लगती है। कुछ भी नहीं है चिंता करने के योग्य, क्योंकि जो है वह चिंता ही है, चिंता के अतिरिक्त और कुछ भी नहीं।

पानी में से एक आवाज आ रही है। उसकी ओर देखा। कुछ नहीं, उबलने की ध्वनि आ रही है। तो क्या इस जीवन में यह जो विभिन्न ध्वनियाँ सुनाई दे रही हैं वे और कुछ नहीं, केवल एक उबाल का उपहास है जिसका रूप धीरे-धीरे धुआँ बनकर उड़ता जा रहा है, ताकि शून्य में अपने-आप लय हो जाए! कोई समझने का प्रयत्न न करे, क्योंकि समझकर चलना कठिन है। अच्छा है वह बटोही, जो नहीं जानता कि जंगल में शेर-चीतों के अतिरिक्त बटमार भी हैं, लुटेरे भी हैं ···

और रागिनी ने पतीली उतारकर रख दी। एक विवाह और विवाह के बाद जैसे यात्री के कंधे पर पड़ा कंबल जो लटकता रहता है, मैला होता रहता है ··· कोई कहे कि मुसाफिर देख तो, पीछे तू अपने ही निशान मिटा रहा है और लौटकर देखते समय कंबल भी उठ जाता है। यात्री समझता है कि संसार उससे उपहास कर रहा था क्योंकि संसार को अपनी हीनता का कितना विक्षोभ है, अपदार्थ निर्वीर्यता।

याद आ रहा है धीरे-धीरे एक बीता हुआ इतिहास, जिसे इतिहास न कहकर विषाद की एक टेढ़ी-मेढ़ी रेखा कहा जाए तो क्या कुछ अनुचित है ?

दाल भी कितनी खराब है कि कमबख्त गलती ही नहीं। जाओ बाजार, बनिया कहेगा—इससे सस्ती तो है ही नहीं।

रागिनी झुँझला उठी। एक घंटा तो होने को आया। कोई हद है · · ·

फिर उबाल। जमीन की यह फसल इतनी कठोर है, फिर स्वयं वह ही कैसे इतनी जल्दी दब गई ? क्योंकि वह मनुष्य है ?

रागिनी मुस्कराई। कैसी बर्बरता है। लेकिन प्यार कहाँ है आजकल ?

उफ्! कैसी मिर्चों की धाँस उठ रही है। सौ बार सोच चुकी हूँ कि जाकर पड़ोसिन से कहूँ कि बहिन, एक घर में रहते हैं तो समझौता करके ही रहना होगा। नहीं भाती हमें तुम्हारी यह बात कि मिर्चें हवा के रुख में कूटने बैठ जाती हो।

पड़ोसिन बड़बड़ाती है। आजकल के स्कूलों की छोकरियाँ, जैसे परमात्मा ने इन्हें औरत क्या बनाया, दुनिया पर एक एहसान-सा कर दिया · · ·

रागिनी का वह स्कूल का जीवन भी कितना भला था। वह मास्टरनियाँ कहाँ मिलेंगी अब ? तब वह प्रेम करना चाहती थी। हर महीने 'माया' पढ़ती थी। पढ़ने को तो मन अब भी चाहता है, क्योंकि उसमें वह है जो वैसे नहीं होता, हो नहीं सकता · · ·

दाल तो नहीं ही गलेगी। दोपहर चढ़ जाएगी, दिन ढल जाएगा · · ·

विपिन ने प्रवेश किया। नहा-धोकर पट्टे पर आसन ग्रहण किया और कहा—"क्यों, खाना बन गया ?"

"बन कहाँ से गया ? दाल तो ऐसी लाए हो जैसे भानमती का पिटारा। इसके सीझने की बेला आए, न उसके खतम होने की।"

माँ-बाप से नहीं पटी है तभी तो दोनों अलग रहते हैं। शहर में नौकरी लग गई है। यह वही कहानी है जो आज बरसों से होती चली आई है। क्योंकि दोनों एक-दूसरे को चाहते हैं। रागिनी नहीं चाहती, उसके पति पर सबका अधिकार हो। जो उसका स्वामी है, वह उसकी दासी है तो इसलिए न कि अधिक-से-अधिक उसकी स्वामिनी भी हो सके।

एक मुस्कान की कटार चमकती है, दूसरे की मुस्कान कटार बनकर उस स्नेह की मार को रोकती है, फिर दुधारा इधर भी काटता है, उधर भी, और वह पैनी गर्म-गर्म लोहे की टुकड़ी इधर भी उतरती है उधर भी, और वह भी उनकी परवशता की घृणा का प्यार है, जैसे बहेलिए से डरे हुए दो पक्षी एक-दूसरे के पंखों में सिर छिपाकर गर्म होने का यत्न करते हैं!

"हूँ", विपिन का स्वर भारी है—"तो गोया दालवाले को भी हमारा साला होना चाहिए।"

रागिनी चिढ़ गई। उसने कहा—"जी हाँ, साला नहीं तो भाई होना ही चाहिए।"

एक तरेर। रस्सी खिंच गई है। उस पर अभिमान नट बनकर अपना कौशल दिखाता हुआ चल रहा है, जैसे सैनिक शिक्षा पाते समय हाथों से पकड़कर झूलते हुए रस्सा थामकर नदी पार करते हैं।

पति और पत्नी। दास और दासी। अभिमान और ऐंठन। अच्छी भाषा में देवता और पुजारिन। एक रुपया और चवन्नी।

विपिन कहता है—"तो मैं जा रहा हूँ। सरकार की नौकरी है। वहाँ जाने के लिए जरूरी नहीं है कि दाल खाकर ही जाना चाहिए।"

"तुम्हें मेरी कसम है। खाने के लिए सारा जीवन है। वही नहीं है तो फिर सारा संसार किसलिए है?"

और विपिन कहता है—"खाने को या तो है ही नहीं, या है भी तो उसके खाने का समय नहीं है।"

रागिनी के मुँह पर उदासी चढ़ती है, जैसे पारदर्शी फाउंटेनपेन में स्याही चढ़ती हुई दिखाई देती है ...

विपिन देखता है, कितना क्षुद्र है वह! संसार में अनेक कार्य हैं, अनेक-अनेक महापुरुष हैं, अनेक-अनेक शक्तियाँ हैं, किंतु वह कहीं भी कुछ नहीं है। उसकी असमर्थता ऐसी है जैसे टूटे हुए गिलास के शीशे के टुकड़े। वह केवल घिसटता चला जा रहा है।

उन आँखों में एक उदास छाया है, उनमें दर्द है, प्राणों की कसक है। व्यक्ति का प्यासा हृदय बुला रहा है, किंतु घड़ी में दस बज रहे हैं, जैसे प्रेम की सीता की ओर दस मुखों से रावण बोलता हुआ देख रहा हो, घूर रहा हो ...

शाम हो गई है। फिर वहीं दाल है जो सीझना नहीं चाहती। जानती है कि वह सीझने के ही लिए है कि दुनिया उसे खाकर पचा जाए, फिर भी नहीं सीझती। कैसी पथरीली जिद है।

रागिनी फिर उठ गई। जाकर मुँह धोया। तौलिए से मुँह पोंछकर माथे में बिंदी लगाई।

एक बार दरपन में मुख देखा। यह कोई पद्मिनी का-सा रूप नहीं। किंतु फिर भी इसमें वह कुछ तो है ही जो अपने मन के सूनेपन को अपने-आप गुदगुदा दे, जिसे देखकर संसार कह सके—इसे कुछ चाहिए, कुछ चाहिए।

विपिन के सिर में दर्द है। वह लेटा हुआ है। रागिनी ने कमरे में जाकर धीरे से लालटेन जला दी, सिरहाने बैठकर सिर पर हाथ रखा। कुछ हल्का-सा ज्वर था। गर्म शरीर अच्छा लगा। हाथ फिराकर कहा—"क्यों बदन गर्म है ? कुछ हरारत लगती है ?"

"हाँ ! आज कुछ ज्यादा होगी। कोई ऐसी बात नहीं। तुम जानती हो, आठ घंटे की ड्यूटी, जिसमें सोलह घंटे की डाँट · · · "

"क्या मतलब है ?" रागिनी ने चौंककर पूछा।

"मेरे भाई, दो आदमी के आठ और आठ सोलह ही तो हुए ?"

दोनों हँस पड़े। इसके अतिरिक्त और कोई चारा नहीं। कर भी क्या सकते हैं। क्लर्की छोड़ देगा तो कोई दूसरा पतंग शमा पर जलने आ जाएगा। दिल्ली विराट नगर है। इस क्वार्टर में कितना अपनापन है ? कुछ ऐसी बात भी नहीं कि हम क्या किसी से कम हैं ?

रागिनी कुछ नहीं बोलती। चुपचाप सिर पर हाथ फिराती रहती है, जैसे कोई चाय की चिकनी प्याली है। दूसरी बार लगता है, कहीं दाल पर से ढक्कन तो नहीं उतार रही।

मन एक केंद्र है जिससे जगह-जगह के लिए बाण छूटा करते हैं।

मांस का हाथ है, वही मनुष्य-देह की तपिश से आकर्षित हो रहा है।

रागिनी दोनों हाथों से उसका मुख अपनी ओर मोड़कर कहती है—"तो क्या हम लोग कभी भी सुखी नहीं रहेंगे ?"

सुख ! एक दर्दनाक सपना, जिसके अंत में जैसे मनुष्य चिल्लाकर बिस्तर से उठकर भागता है।

विपिन धीरे से हँसा। उसने हल्की-सी मुस्कराहट से कहा—"पगली ! सुख और किसे कहते हैं ?"

रागिनी के मन पर कोई सांत्वना का घड़ा उड़ेल रहा है।

विपिन ने कहा—"तुम समझती हो, धन ही हमारे सुखों का मोल है ? नहीं रागिनी ! प्रेम ही हमारे जीवन की सांत्वना है, एक बड़ा भारी आधार है। यदि मैं इस दुखी संसार में तुमसे छूट जाऊँ तो तुम समझती हो मैं यह अपमान का जीवन बिता सकूँगा ?"

रागिनी ने समझा। मन के किसी भीतरी भाग में प्रश्न हुआ—'तो क्या यह स्नेह किसी घोर घृणा का परिणाम है ?'

विपिन ने उसकी गोद में सिर रखकर कहा—"रानी! डूबते को तिनके का सहारा चाहिए, किनारे पर खड़ा होकर शोर मचानेवाला तो कभी मदद नहीं देगा!"

तो क्या दोनों ही डूब रहे हैं ? रागिनी ने उसका हाथ अपनी मुट्ठी में दबा लिया। विपिन को लगा जैसे बिजली का तार उसके हाथ से जकड़ गया हो।

उसके बाद एक बुखार है। रागिनी ने उसके बालों पर स्नेह से हाथ फेरा, जैसे रेशम का कीड़ा अपने मुँह से उगले रेशम में चहलकदमी कर रहा हो।

देर तक वे एक-दूसरे का मुख देखते हैं। पीलापन तो है ही, कितना असंतोष भी है। यदि समाज का ढाँचा इसके लिए दोषी है तो देवता के सामने इनकी बलि क्यों हो रही है ?

"रागिनी!" विपिन ने कहा—"कितना अँधियारा छा गया है बाहर ?"

रागिनी ने मुख मोड़कर कहा—"तुम जो वह ब्लाउज का कपड़ा देख आए थे, लाए नहीं ?"

"अच्छा, वह जो वह सिखनी पहनती है ?"

"हाँ! क्यों जी, यह सिख तो इतनी ही तनखाह में, ऐसी हालत में ही बड़े खुश रहते हैं। इनके साथ क्या बात है ?"

विपिन हँसा, स्नेह से उत्तर दिया—"वे ऊपर के दिखावे के जो ज्यादा शौकीन होते हैं, वे सोचते ही कम हैं!"

"तो तुम इतना सोचते क्यों हो ? हम क्या बिना सोचे सुखी नहीं हो सकते ?"

विपिन चुप है। लगता है जैसे दीपक फक् करके बुझ जाएगा!!!

घड़ी बज उठी है। दाल सीझ चुकी होगी। वह उठी। केवल बैठे रहने ही से तो कल का जीवन नहीं चलेगा। सुबह-शाम खाना पकाने के लिए है, बाकी समय पचाने के लिए और विकृत मल को निकालकर अपने को स्वच्छ समझने की प्रतारणा के लिए।

वह उठ खड़ी हुई। द्वार की ओर चली। मुड़कर देखा, विपिन करवट बदल रहा था। उसकी पीठ इधर थी। वह विश्रांत था। बीच में दो शब्दों को मिलाकर एक करनेवाली वह छोटी लकीर अब नहीं बन रही थी। रागिनी ने जाकर

देखा—दाल अभी भी सीझ ही रही थी, सीझी नहीं थी···

मन में आया उठाकर फेंक दे, किंतु साहस नहीं हुआ। जीवन भी तो इस दाल के ही समान है, उसे फेंक दे उठाकर, किंतु इतनी सामर्थ्य है कहाँ! और रात को भी कोयल बोल ही उठती है कभी-कभी।

[लगभग '46]

रोने का मोल

जब साँझ हो आई और अँधेरा आसमान की ललाई को फीका करने लगा तब शहर की बिजली की बत्तियाँ जगमगा उठीं। दूकानदारों की पलकें ठंडी हवा पाकर कुछ क्षण को बोझिल-सी धूलि से ढक गईं। कोलाहल बढ़कर थमने लगा। सड़कें चलने लगीं और कोहरा अभी से 'चिल्ला' में सघन होने लगा।

लोग घरों के दरवाजे बंद करने लगे। तभी एक बड़ा-सा ताकतवर कुत्ता गली में से निकलकर बीच सड़क पर रोने लगा। राहगीर चुपचाप चले जा रहे थे। किसी ने भी उससे कुछ नहीं कहा, केवल एकाध इक्केवाले ने उसे राह से हटाने को जोर से चाबुक की लकड़ी को पहिए में अटकाकर खड़खड़ा दिया। उसके निकल जाने पर कुत्ता फिर बीच में आकर रोने लगा।

दो मिनट बाद ही एक बड़ा-सा नुकीला पत्थर उसकी पीठ पर झल्लाकर आ गिरा। कुत्ता एक बार जोर से रोया और भूँकता हुआ गली में मुड़ गया। फेंकनेवाले ने मकान की कोख में से हँसकर कहा, "भाग गया साला! इतना बड़ा बदन लेकर भी बिल्कुल बेकार और डरपोक है।"

पंडित श्रीनारायण ने उफनते हुए कहा, "इतने सड़क पर चलते हैं, कोई कुछ नहीं कहता। धर्म नहीं रहा, वर्ना दिनदहाड़े कहीं भला सड़क पर कुत्ता रोने दिया जाता है?"

बड़े लड़के गोविंद ने कहा, "चाचा! इसकी तो गर्दन काट देनी चाहिए।"

छोटे मनोहर ने कुछ न समझकर कहा, "रो लेने दो उसे, उसी ने उस दिन मेहरा के घर से उतरते चोर को पकड़वाया था।"

माँ ने टोककर शीघ्रता से कहा, "नहीं रे, यह बुरा सौन है। यमदर्शन होते हैं। क्यों मुहल्ले में मारे है सबको?"

श्रीनारायण गरज पड़े, "मनोहर! अबकी कहियो।"

मनोहर उठकर गंभीर हो गया। अँधेरा स्याह पड़ने लगा था। गोविंद ने

झटके से दरवाजा भेड़ दिया। अंधकार में से कुत्ते ने सिर घुमाकर इधर-उधर देखा। दरवाजा बंद था। क्षण-भर में ही वह सड़क पर आ गया और जोर से रो पड़ा और द्वार खुलने के पहले ही अंधकारमयी गली में विलीन हो गया।

आए दिन यही प्रोग्राम रहता। कुत्ते को भी एक आदत-सी पड़ गई थी कि सड़क डिक्टेटर की तरह एक बार सड़क के बीचोबीच आ खड़ा होता और जैसे जान-जानकर चिढ़ाने को रो देता। पंडित श्रीनारायण को उससे चिढ़ हो गई थी। आठ वर्ष बाद उनके घर में बच्चा आया था, सो भी जाता रहा। उस दिन अँधेरी रात थी, घटाएँ छा रही थीं, तभी आकर सहसा पहले दिन यह कुत्ता रो पड़ा था। बच्चा इस असगुन के कारण चल बसा और कुत्ते के सिर घर-भर का टूटा और लुटा दिल एक दुश्मनी लेकर मँढ़ गया। कुत्ता भी अपने रोजमर्रा के दुश्मनों को पहचान गया था और उनकी थोड़ी भी आहट पाते ही दौड़कर गली में छिप जाता।

उस दिन चौराहे पर सिपाही नहीं था और ट्रैफिक भी कुछ कम था। लोग आग जलाए ताप रहे थे। कुत्ता रोते-रोते उनके पास चला गया। किसी ने भी कुछ न कहा। भले आदमी नाराज होकर शर्माते-से चुपचाप चले गए। कुत्ता धीरे-धीरे पास के घूरे पर जाकर सो गया। रात हो आई थी। अगणित तारे आसमान में जलते अरमान लिए अपनी जिंदगी की कशमकश में अपने को सँभाले घूम रहे थे। आग से चारों ओर हिलती हुई रोशनी फैल रही थी। धुआँ आसमान को गहरा बनाए जा रहा था।

इसी समय लोगों ने देखा, पंडितजी जोर-शोर से चले आ रहे थे। हाथ में एक लंबा डंडा था। लोग समझ गए, आज पंडितजी गजब करने ही घर से निकले हैं। बहुत-से लोग स्वयं ही कुत्ते से नाराज थे, मगर अगुआ बनकर उसे मारने की हिम्मत कोई न करता था। आज कुत्ते को मारने को एक आदमी को देख कुछ तो चुप से अपना काम करने लगे, कुछ उत्कंठित-से देखने लगे। हरा पेड़ काटने का साहस बहुत कम करते हैं, मगर पेड़ की कटी लकड़ी ले जाने को सब तैयार होते हैं। आग के पास बैठे लोगों के निकट जाकर सीधे शब्दों में पंडितजी ने पूछा, "कहाँ गया साला ? उसकी ऐसी-तैसी ! मजाक हो गया ! तुम लोगों ने इस आदमखाने को श्मशान-सा बना रखा है !"

युवक मजदूर उद्दंड-से निश्चिंत बैठे तापते रहे। उनकी भुजाएँ कंधों से कुछ उठ गईं। नई रेल को देखकर जैसे हिंदुस्तानी चौंककर उसे देवता मानने लगे थे, वैसे ही वृद्ध चिरंजी छाती निकालकर नम्रता से बोला, "सरकार बाबू ! खबर नहीं !"

पंडितजी को कुछ नहीं सूझा और वह चुपचाप घर लौट आए।

आधी रात को कुत्ता फिर सड़क पर रो पड़ा। पंडितजी की नींद खुल गई।

दूसरे दिन पंडितजी ने चुंगी में अर्जी दे दी और कुत्तों को गोली डालने भंगी आ गए। जब कोई कुत्ता न फँसा तो पंडितजी स्वयं कुत्तों के लिए बाहर निकल आए। बाहर आते ही उन्हें भंगियों ने घेर लिया। आज उन्हें इसकी भी परवाह नहीं थी। ब्राह्मण स्वार्थ के सामने धर्म को अपने अनुकूल बना लेता है।

जमादार ने पंडितजी को देखकर कहा, "सलाम पंडितजी !"

पंडितजी ने धीरे से कहा, 'जियो-जियो !'

सहसा भंगियों ने जोर से कहा, "सलाम ठाकुरजी !"

पंडितजी के मुँह पर मुस्कराहट फैल गई।

साँझ आ गई, मगर कुत्ते पकड़ने की गाड़ी में एक भी कुत्ता नहीं घुसा। सबको गरीब अशिक्षितों ने अपने घरों में बंद कर रखा था, जैसे गाँधीजी के असहयोग आंदोलन में मर्दुमशुमारी गलत कराने को घरों में लोगों को छिपा दिया गया था। पंडितजी ने चिरंजी को लाल आँखों से देखा। सामने के किसी घर के पिछवाड़े से कुत्ते भूँक पड़े और जमादार ने रिपोर्ट में लिखा, "कोई कुत्ता सड़क पर न दिखा। बढ़ती तादाद की गलत रिपोर्ट दी गई लगती है। कुत्ते कहीं हैं जो भूँकते हैं, आवाज आती है, लेकिन हैं कहाँ, यह पता नहीं चलता !"

एक सूखा मरियल कुत्ता सामने चल रहा था, मगर उसके गले में किसी ने अपना कपड़ा बाँध दिया, जो पट्टे का काम दे रहा था। पंडितजी मन मसोसकर रह गए। उन्होंने पहचाना, यह चिरंजी की साफी की चीर थी। कुत्ता लाटसाहब बना हुआ था। माँग में सिंदूर पड़ा, स्त्री को खाने-कमाने की चिंता नहीं रही; गले में चीर पड़ी, कुत्ता आवारा न रहकर घर का सदस्य हो गया। बाकायदा सड़क पर चहलकदमी कर रहा था, बल्कि एकाध बार

पंडितजी को सूँघ भी गया।

सभा विसर्जित होने ही वाली थी कि एक मोटी कुतिया निकल ही आई। वह किसी की संपत्ति नहीं थी। भंगी ने प्रेम से बढ़कर गोली डाली और कुतिया उसे निगल गई। लोग चुपचाप देखते रहे। उन्होंने आदमियों को घोड़ों से कुचले जाते देखा था, फिर यह तो मामूली बात थी। उन्हें इस सरकार से बड़ी-बड़ी उम्मीदें थीं। भंगियों ने मौज में कुतिया को ले जाना भी व्यर्थ समझा। खाली गाड़ी धकेलकर दफ्तर की तरफ गाते हुए वे चल पड़े।

रात ठंडी-सी इठलाकर ठहर गई। कुतिया के पेट में बच्चे थे। यही दुर्भाग्य की बात निकली। रात-भर झाग डालकर कुतिया अनगिनत रोते कुत्तों के बीच में चल बसी।

दूसरे दिन किसी ने भी यह न कोसा कि कुत्ते रात-भर रोए। सफेद कपड़े पहने बूढ़ी खत्रानियाँ बतख की चाल से मंदिर में जब मिलीं तब एक ने हाथ मटकाकर कहा, "बनने को पंडित, काम ऐसे ? ग्याभन मरवा दी, तभी तो विसका लड़का . . . "

पास की बुढ़िया ने कहा, "ठीक है बुआ, ठीक है।"

पहली वृद्धा ने फिर कहा, "तो मैंने क्या गलत किया ? हत्या करावै है, हत्या ! "

तीसरी ने कहा, "हम तो बस जे जानैं, जो जैसी करनी करैगा, तैसी पाएगा।"

पंडितजी इस अकृतज्ञ मुहल्ले की सेवा से ऊब उठे। अजब कुतिया मरी।

कुत्ते रात-रात रोने लगे। और वह असली तक्षक अभी तक जिंदा था। पहले मारते थे, अब वह भी नहीं कर सकते। कानों में अँगुली डालकर बैठे रहे। मुहल्ले की स्त्रियों में एक राजनीतिक की-सी हलचल व्यापी रही। स्वयं उनकी स्त्री ने कहा, "मैंने तो पहले ही मना किया . . . "

मगर फिर वह पंडितजी की आँखों के आगे बोल न सकी।

दिन बीत गए। मामला ठंडा पड़ गया, लेकिन पंडितजी पर से लोगों की श्रद्धा उठ गई और रात में कुत्तों के भूँकने से बहुतों की नींद खराब होने लगी। फिर भी कोई रास्ता नहीं था।

लोग कहते, "इतना मोटा-तगड़ा होकर सिर्फ रोता है ?"

और कुत्ता भूँक पड़ता, मानो एक प्रश्न था कि क्या रोने के लिए भी आज्ञा चाहिए ? कौन जानता है, किसको क्या दुख है, तब सड़क की धूल उड़ जाती, मानो उत्तर था कि दुखों को आकर कहो मत। यह किसने कहा

कि सब तुम्हारे दुख के साथी होंगे ?

फिर घूरे पर से उठ, पूँछ दबाए अन्य कुत्तों में डरता-सा वही कुत्ता रो उठता। सब आवाजों से ऊपर ईश्वर की आवाज की तरह उसका गंभीर निर्घोष गूँज उठता और मुहल्ला स्वर से भर जाता।

जाड़े की धूप किसी के ठंडे गाल पर बहे गर्म आँसू-सी बहकर फैल गई। अपनी गौख में धूप में बैठे पंडितजी भगवद्गीता पढ़ रहे थे। सहसा उन्होंने दिन में कुत्ते का रोना सुना। वह अंदर-ही-अंदर झुलस उठे। साथ ही उन्होंने देखा, दस-पाँच मेहतर लट्ठ लिए कुत्ते के पीछे दौड़े चले आ रहे थे। क्षण-भर में ही कुत्ते के सिर, बदन, पूँछ, टाँग सब पर दनादन लट्ठ पड़ने लगे। पंडितजी इस मार का कारण नहीं समझ सके, किंतु मार जारी थी। जब कुत्ते की आँखें बाहर निकल पड़ीं तब उसे नाली में फेंक, लट्ठ नचाते हुए मेहतर लौट गए। कुत्ता तड़पने लगा, ठंड से काँप भी रहा था। न जाने क्यों पंडितजी व्यथित हो गए।

कुत्ते ने रोने के लिए अंतिम बार मुँह खोला, मगर वह अबकी रो न सका। उसमें दम नहीं बचा था।

[मई, '47 से पूर्व]

प्रवासी

बरसात की झड़ी का वेग आसमान से उतरकर फुलवाड़ी में व्याप गया। चार-चार सौ वर्ष पुराने, ऊँचे-ऊँचे पेड़ों के पत्ते धुल गए। संध्या की सुनहरी किरणें उन पर झलमलातीं, और फिर छोटी नदी की सतह पर फिसलने लगतीं।

यौवन के तीसरे पहर में गोपालन आज कुछ देख रहा था। आयु के इस शुष्क रेगिस्तान में उसकी सारी सरसता सूख चुकी थी। अनेक युवतियाँ आ-आकर पनघट पर पानी भरती रहीं। वे हँसकर बात करतीं, खड़ी-खड़ी अँगड़ाई लेतीं और सिर पर दो-दो, तीन-तीन घड़े रख ठुमकती-लचकती चली जातीं। उनका निखरा हुआ यौवन दरिद्रता में छिप न पाता।

गोपालन को ये स्त्रियाँ देखने में मोहक लगतीं। ये उसके प्रांत की स्त्रियों से अधिक सुंदर थीं। किंतु कभी उसने यह विचार प्रकट नहीं होने दिया। उत्तर भारत में आकर वह सदा अकेला रहा है। उसके मन ने जैसे कहीं भी अपनेपन का अनुभव नहीं किया।

आज इस सुंदर प्रांत में अकेला पड़ा है। कोई उसका मित्र नहीं है। सब उसे परदेशी के रूप में देखते हैं। और वह स्वयं इस भावना का आदी हो गया है, क्योंकि वह यहाँ हिंदी भाषा नहीं जानता।

मंदिर प्रायः सूना हो गया। यहाँ उसने केवल भगवान की पूजा की है, पेट भरा है, और मंदिर ही की भाँति उसका जीवन भी एक श्रद्धा के भार को वहन करता चला जा रहा है। इस नीरव कोने में जैसे संसार निस्तब्ध हो चुका है, मनुष्य की सारी हलचल समाप्त हो जाती है, और वह बिताए जा रहा है, बिताए जा रहा है ऐसी जिन्दगी, जो मंदिर के पत्थरों की भाँति कठोर है, जिसमें परिवर्तन होता तो हर क्षण है, मगर दिखाई कभी नहीं देता।

रात हो गई। आकाश में अगणित तारे छिटक गए। पूजा करके गोपालन सोने चला गया। मठ के स्वामी पहले ही सो गए थे।

आज से दो सौ वर्ष पहले किसी व्यापारी ने यहाँ किसी दक्षिणी ब्राह्मण को गुरु बनाया था। तभी से शिष्य-परंपरा चली आ रही है। गोपालन यहाँ पुजारी के रूप में है।

आँख खोलकर देखा, आकाश में एक बार जोर से प्रकाश की एक लीक काँपी और अंधकार में विलीन हो गई। छत पर पड़े-पड़े गोपालन ने एक बार फुलवाड़ी के पेड़ों की ओर देखकर हाथ जोड़े, और आँखें बंद कर लीं। व्यथा से उसका हृदय भर गया। यह जो एक तारा इस तरह टूटा है, ऐसे ही वह भी एक दिन समाप्त हो जाएगा। आज भी क्या उसका जीवन निरर्थक नहीं ? वह किसी का नहीं, कोई उसका नहीं। जैसे अपनी ही सत्ता में अपनी परिधि की समाप्ति है।

गोपालन के मुख से एक आह निकल गई। इतनी तो बीत चुकी। अब और है ही कितनी ? ऐसे ही वह भी बीत जाएगी। यहाँ क्या है ? अनेक बार घंटे बजते हैं, अनेक बार पूजा होती है, अनेक बार भगवान के दर्शन करने आकर 'उत्तरदारी' (उत्तर के रहनेवाले) 'महाराज' और 'स्वामी' कह-कहकर लौट जाते हैं। बात-बात पर दंडवत् करते हैं, गंदे रहते हैं, और धर्म-कर्म के विषय में कुछ भी नहीं जानते।

गोपालन मन-ही-मन हँस उठा। कौन-सा है वह धर्म, जिसके लिए मनुष्य-बलि हो ? कितने अच्छे हैं ये उत्तर के लोग, जो इतना स्नेह देते हैं! हमारे यहाँ तो लोग आपस में ही एक-दूसरे को खाने दौड़ते हैं। आडंबर! आडंबर! और कुछ नहीं। उँह! मुझे क्या ? जब तक मानो तभी तक परमात्मा; जब न मानो, तो कुछ नहीं!

वह मुस्कराया। हृदय में एक बार झोंका-सा लगा। दीपक की बत्ती हिलने लगी। वह व्याकुल हो उठा। उसे प्यास लग रही थी; प्यास वह, जो अतीत की सारी कड़वाहट लेकर उसके गले में चटकने लगी। सूनापन सघन हो चला। गोपालन ने आँखों को बंद करके उन पर हाथ रख लिया, जैसे वह बाहर का कुछ भी न देखना चाहता हो।

धीरे-धीरे उसे सारी बातें याद आने लगीं।

युवक गोपालन एक ब्राह्मण का बेटा था। पिता वैदिक आचरण से अपने जीवन के ढाल पर उतरते चले जा रहे थे, जैसे एक दिन गोपालन के पितामह की छाया में वह जीवन के चढ़ाव पर चढ़े थे। उनकी पवित्रता गाँव-भर में

प्रसिद्ध थी। वृद्ध नयनाचारी प्रातःकाल ही उठ बैठते, और स्नान आदि से निवृत्त होकर बारह तिलक लगाकर पूजा में प्रवृत्त हो जाते। संध्या की झुकती बेला में जब लंबे-लंबे ताड़ के पेड़ों के पीछे आसमान लाल हो आता, अद्भुत शिल्प से सज्जित गुंबदों के पीछे एक मंदिर पर आभा फैल जाती, वह बैठे-बैठे घंटों 'कंब रामायण' गाया करते। और रात को ज़ब विशाल मंदिरों से घंटों और शंखों का नाद गाँव में उठता-गिरता गूँजने लगता, तो वह रामायण को महामहिमामयी शक्ति के चरणों पर डालकर अपने-आपको भूल जाते।

गोपालन अपने स्वस्थ और सुदृढ़ शरीर के कारण अपने को बहुत-कुछ समझता। वृद्ध नयनाचारी देखते, और मन-ही-मन पुत्र के उच्छृंखल यौवन को देखकर मुस्कराते, किंतु ऊपर से कभी विचलित होते न दीखते। वह उस परंपरा में पले थे, जिसमें पिता पिता ही नहीं एक गुरु भी होता है। उन्होंने ही उसे गुरु-मंत्र दिया था। आज गोपालन को आवश्यक धर्म-कर्म सब ज्ञात थे।

संसार समझता कि गोपालन का आचरण उसकी आयु को देखते हुए अत्यधिक धार्मिक था। किंतु जब वह मंदिर की आड़ में अँधेरा होने पर छिपकर खड़ा हो जाता, और गाँव में आकर रहनेवाले रिटायर्ड पोस्टमास्टर की पुत्री कोमल को देखता, तो उस समय वेद ब्रह्मा के मुख में लौट जाते, कर्म और धर्म पराजित होकर उसके उठते हुए यौवन के सामने हाहाकार करने लगते। गोपालन मुग्ध हो जाता।

ऐसे ही अनेक दिन बीत गए। गोपालन ने कभी अपने मुँह से कोमल से कुछ नहीं कहा। किंतु सुंदरी कोमल जानती थी कि तपे हुए तांबे के वर्ण का यह पुजारी केवल पत्थर के देवता का उपासक नहीं है, वरन् उसके भीतर एक हृदय भी है, जिसकी वह एकमात्र अधीश्वरी है। और गोपालन का उदास जीवन आशाओं को ठोकर मारकर जगाने की चेष्टा करता, जो पीड़ा से एक बार आँखें खोलतीं, और फिर करवट बदलकर सो जातीं।

गोपालन का भाई वरदाचारी आज अनेक वर्षों से प्रवास में था। उसकी पत्नी राजम, जिसकी अवस्था ढल रही थी, अपने अधिकार की मादकता को सतृष्ण उन्माद से अपने हाथ से किसी तरह भी नहीं जाने देना चाहती थी। सब उसकी कर्कशता से परिचित थे। वह जब कभी अवसर मिलता, तो दूसरों के सामने अपने पति के गुणों का बखान करने लगती, और फिर रोती। किंतु लोगों को शायद ही उसकी कोई बात छू पाती। वरदाचारी एक मस्त आदमी था, जो अपनी पत्नी को अपने योग्य न समझकर उसे छोड़कर कहीं

अज्ञातवास कर रहा था। राजम माथे पर कुमकुम लगाती, गले में त्रिमंगल्यम् पहनती। उसका सौभाग्य जैसे अक्षय था। यह अज्ञात सुहाग उसके नारी जीवन का एक विराट् षड्यंत्र था। वृद्ध नयनाचारी को जब वह पर्व के दिनों दंडवत् करती, तो वृद्ध अपने दोनों हाथ उठाकर उसे आशीर्वाद देता। वह पिता था। वरदाचारी उसका बड़ा बेटा था।···

गोपालन ने करवट बदली। चारों तरफ अँधेरा था। उसने फिर आँखें बंद कर लीं। अँधेरा नाचने लगा।

··· वरदाचारी जब से घर छोड़कर गया, कभी लौटकर नहीं आया।

गोपालन नीचे गाँव से ऊपर सात मील चढ़कर तिरुपथीमलय के विशाल श्रीनिवास के मंदिर में काम करता। राजम घर का काम-काज सँभालती। दो खेत पिता के थे और चार खेत राजम के दहेज के थे, जो यद्यपि नयनाचारी ने बेटे के प्रतिदान में माँगे नहीं, किंतु बेटी का अक्षुण्ण अधिकार बना देने के लिए गर्विता माँ ने अपने आप दे दिए थे। गोपालन निरपेक्ष-सा अपना काम किए जाता।

एक दिन घर आकर गोपालन ने देखा, पिता उदास-से बैठे थे। वह कुछ भी नहीं बोला। नहाकर उसने अपनी चोटी निचोड़ी, और खाने को बैठ गया। राजम ने उसकी ओर क्रोध से देखा, और ढेर-सा चावल सामने लाकर केले के पत्ते पर परोस दिया। गोपालन ने देखा, और समझा। वह जता रही थी कि मेरे ही कारण तुम लोगों को खाना मिलता है, नहीं तो तुम लोग कुत्तों की तरह भूखों मरते होते। गोपालन के हृदय में तीर-सा चुभा। किंतु फिर भी वह चुपचाप खाकर उठ आया। पिता आज चुप थे। आज उनके मुख से रामायण की एक पंक्ति भी नहीं निकली।

गोपालन लौट चला। धीरे-धीरे फिर सात मील की सीढ़ियाँ चढ़ने लगा। इधर-उधर अनेक यात्री इस समय पैदल और डोलियों में थके-माँदे उतर रहे थे।

एकाएक गोपालन ठिठक गया। कोमल भी ऊपर चढ़ रही थी।

वह अकेली थी, और ऐसा लगता था जैसे थक गई थी! गोपालन को प्रतीत हुआ, जैसे सचमुच ही राह बहुत लंबी थी और वह स्वयं नहीं चढ़ सकता था। यात्रीगण 'गोविंदा! गोविंदा!' पुकारते धीरे-धीरे उतरते चले जा रहे थे। गोपालन को लगा, जैसे वह नदी की बहती धारा थी, और ये दो पत्थर ऊपर की तरफ राह करके निकल जाना चाहते थे।

थोड़ी दूर चलकर कोमल थककर एक सीढ़ी पर बैठ गई। गोपालन जब

उसके पास पहुँचा, तो कोमल ने उसे पहचाना। मुस्करा उठी। गोपालन ने कहा—"थक गई हो ?"

कोमल ने लजाकर उत्तर दिया—"थकेगा कौन नहीं ? ··· लेकिन तुम तो थके हुए नहीं दीखते !"

गोपालन को हर्ष हुआ। वह उस स्त्री के सामने एक पुरुष के रूप में खड़ा था, और इसे वह स्त्री अपने पूर्ण यौवन से स्वीकार कर रही थी। उसने उसकी ओर देखा और देखता रहा। कोमल ने संकोच से आँखें झुका लीं। गोपालन ने देखा, वह सुंदर थी। आकाश में चाँदनी फूट-फूटकर फैल रही थी। सीढ़ी के दोनों ओर पहाड़ के हरे-हरे वृक्ष सन्-सन्-सन् कर रहे थे। और वह सीढ़ी जो सात मील लंबी थी, जिसकी बिजली की बत्तियाँ आज चाँदनी के कारण नहीं जली थीं, साँप-सी कहीं करवट लेतीं, कहीं सीधी चलतीं सफ़ेद-सफ़ेद-सी ऐसी लगती थीं, जैसे आकाश-गंगा स्वर्ग से पृथ्वी को मिला रही हो। और सामने साक्षात् मीनाक्षी बैठी थी, जिसका वड्डयण्णम् (सोने की पेटी) अपने ऊपर विचित्र नक्काशी लिए उस मनोहर प्रकाश में दमदमा रहा था। गोपालन को क्षण-भर अपनी दरिद्रता का आभास हुआ। ऐसी चीजों के लिए राजम मरती थी, अपने पति से नित्य झगड़ती थी, और अंत में लाचार होकर वह घर छोड़ भाग गया था। कोमल की साड़ी के किनारे की जरी झलमल-झलमल कर गोपालन के मन पर जाल बनकर छा गई और वह विश्रांत-सी उसके सामने बैठी थी। वह देख रहा था मन भरकर, जिसे आज तक कोई भी नहीं पाया।

कोमल उठी, और चलने लगी। गोपालन भी साथ-साथ चलने लगा। कोमल ने कहा—"तो तुम मंदिर में अर्चना करते हो ?"

"हाँ ! और यहीं रहता हूँ।" गोपालन ने धीरे से उत्तर दिया। फिर उसने रुककर पूछा—"आप कहाँ जा रही हैं ?"

'आप' सुनकर कोमल ने मुड़कर उसकी ओर देखा। गोपालन का दिल न जाने कैसा होने लगा।

"मैं ! मैं भी मंदिर की ही ओर जा रही हूँ। पिता से मिलना है। उनको अपने होटल से फुर्सत कहाँ ? पहले पोस्टमास्टर थे न ! सो सुबह से शाम तक काम में लगे रहने की ऐसी आदत हो गई है कि छोड़े नहीं छूटती। आज वहीं सो जाऊँगी। 'वाहन' भी देख लूँगी। आज किसकी सवारी निकलेगी आयंगार ? हनुमान की या गरुड़ की !"

गोपालन ने सोचकर उत्तर दिया—"आज तो शायद गरुड़ की निकलेगी।"

"गरुड़ की!" कोमल ने प्रसन्न होकर कहा—"मुझे बड़ी अच्छी लगती है गरुड़ की सवारी!"

गोपालन को अफसोस हुआ। आज उसी ने शृंगार किया होता, तो कम-से-कम जता तो देता कि वह कितना निपुण था।

कोमल ने पूछा—"कितने बच्चे हैं तुम्हारे ?"

गोपालन हँस दिया। बोला—"बच्चे! कैसे बच्चे ?"

"क्यों ?" कोमल ने आश्चर्य से कहा—"विवाह ही नहीं हुआ क्या ?"

"नहीं!"

गोपालन को लगा, जैसे वे एक-दूसरे के और पास आ गए। उसे प्रतीत हुआ, जैसे कोमल ने यह प्रश्न उससे जान-बूझकर किया था।

धीरे-धीरे ऊपर बसे पेशेवर भिखारियों के झोंपड़े दिखाई देने लगे। कोमल फिर एक स्वच्छ शिला पर बैठ गई। इस समय कोढ़ी और रोगी, असली और नकली, सब भीतर घुसकर सो रहे थे। चारों तरफ एकांत था; अद्भुत नीरवता छा रही थी। गोपालन भी खड़ा हो गया।

"बैठ जाओ आयंगार, बैठ जाओ। तुम तो, लगता है जैसे थकना ही नहीं जानते!"

वह बैठ गया। देर तक दोनों बातें करते रहे।

जब वे भगवान् श्रीनिवास के मंदिर के सामने पहुँचे, तो वाद्य-ध्वनि के साथ वाहन निकल रहे थे। कोमल चली गई। गोपालन मन की सारी ममता को दोनों हाथों से छाती पर दाबकर भीड़ की ओर देखता रह गया।

दूसरे दिन गोपालन ने देखा कि कुछ शहर के युवक मंदिर में दर्शन करने आए हैं, उनमें से एक जरी का कीमती दुपट्टा गले में डाले है, और उसके काले हाथ पर सोने की एक घड़ी बँधी है। उसे पत्थरों पर नंगे पैर चलने में कष्ट होता है। वह अपने साथियों से कह रहा था—"अजीब हालत है ! मंदिर के कारण तो इधर-उधर भी जूता पहनकर पहाड़ पर चलने की आज्ञा नहीं है। प्राचीन काल में वैसा होता था, तो ठीक था। मगर अब ऐसा क्यों ?"

गोपालन ने घृणा से नाक सिकोड़ ली। ये लोग थोड़ी-सी अंग्रेजी क्या पढ़ गए, धर्म-कर्म से हाथ ही धो बैठे। महागरिमामय श्रीनिवास इन्हें अवश्य दंड देंगे। और वह अपने काम में लग गया।

दोपहर के समय जब वह मंदिर से बाहर निकला तो उसके पैर ठिठक गए। कोमल के पिता उसी पढ़े-लिखे युवक से खूब हँस-हँसकर बातें कर रहे

थे। और वह युवक कॉफी पीता, 'इडली' खाता, उन्हें कोई बड़ा दिलचस्प किस्सा सुना रहा था। वह भी होटल के भीतर घुस गया। वृद्ध पोस्टमास्टर उस समय प्रसन्न थे। उनके मुख पर एक चमक काँप रही थी, और स्थूल शरीर फड़क रहा था। गोपालन ने उन्हें नमस्कार किया। वृद्ध ने हाथ उठाकर कहा—"अरे गोपालन, तुम इतने दिन कहाँ रहे ? इन्हें देखा ? आओ, तुम्हारा इनसे परिचय करा दूँ!"

गोपालन ने उस युवक की ओर देखा, और एक आशंका उसके हृदय में उतर गई।

वृद्ध ने फिर कहा—"ये हैं वेंकटरामन! मद्रास में पढ़ाई समाप्त कर दी है। एम. ए. हैं, एम. ए.! अब यहीं तिरचानूर में रहकर अपनी जमींदारी सँभालेंगे। आना विवाह में! जल्द ही हो जाएगा। मेरी तो सारी चिंता मिट गई। कोमल के योग्य तो मुझे कोई दिखता ही नहीं था। अंत में उसी ने इन्हें देखा। भाई, वक़्त बदल गया है न! तभी। भगवान की मर्ज़ी है, वर्ना हमारे समय में क्या यह सब होता था ?"

गोपालन ने सुना। हाथ जोड़े। युवक ने हँसकर सिर हिला दिया, जैसे वह जमाई होने की लाज रख रहा था। गोपालन चला आया।

उस समय ब्रह्मचारी दिन में निकलनेवाले वाहन के चारों ओर चार दलों में खड़े होकर वेद-पाठ कर रहे थे, और नाक के श्वास से एक ही समय बाँसुरी बजा रहे थे। जब एक दल ऋग्वेद के कुछ मंत्र पढ़ चुकता था, तो दूसरा सामवेद प्रारंभ करता था। और अंतराल में वेदों का वह गंभीर घोष गूँजकर, पाषाणों से सहस्रों वर्ष पुराने गौरव से टकराकर, आकाश की ओर सहस्र रश्मियाँ बनकर फूट निकलता था।

गोपालन भीतर अंधकार में एक विशाल स्तंभ के सहारे बैठ गया। सिर चक्कर खा रहा था। पैरों के नीचे से धरती खिसक रही थी। हृदय में उन्माद घूँसे मार-मारकर हँस उठता था।

धीरे-धीरे साँझ हो गई। गोपालन फिर भी वहीं पड़ा रहा। वृद्ध ताताचारी अंत में हाथ में दीपक लेकर उसे ढूँढ़ने निकल पड़ा। नित्य गोपालन दिन में अनेक बार उसके पास जाता, और कहता कि उसके अतिरिक्त मंदिर में और कोई ऐसा न था जिसके प्रति उसकी श्रद्धा हो। ताताचारी वृद्ध हो गया था उसी मन्दिर की पूजा करते-करते, और उसे गोपालन से पुत्र का-सा स्नेह हो गया था।

वृद्ध की छाती पर जैसे किसी ने प्रहार किया। गोपालन उस नीरव अंधकार

में पड़ा हुआ था। वृद्ध ने दीपक रख दिया, और घुटनों के बल बैठकर पुकारा—"गोपालन !"

गोपालन ने आँखें खोल दीं। वृद्ध ने उसका हाथ पकड़कर कहा—"वत्स ! क्या हुआ है तुझे ? अँधेरे में क्यों पड़ा है ?"

गोपालन ने कुछ नहीं कहा।

वृद्ध ने फिर कहा—"पुत्र, तुझे ऐसी क्या पीड़ा है ? गोविंद सबका मंगल करते हैं ! मुझसे कह !"

गोपालन ने नीचे देखते हुए कहा—"स्वामी, मुझसे एक भूल हुई ?"

वृद्ध ने कहा—"क्या ?"

गोपालन ने दबे स्वर से कहा—'मैंने आकाश की ओर हाथ बढ़ाया था ! मैंने सोचा था कि कोमल से विवाह कर सकूँगा। मैं समझता था कि वह मुझसे प्रेम करती है !"

वृद्ध ने कहा—"तूने आकाश की ओर हाथ बढ़ाया, लेकिन यह नहीं देखा कि तेरे पैरों के नीचे जमीन तक नहीं है। पागल ! कोमल से तू विवाह करेगा ? मंदिर का अर्चक एक पोस्टमास्टर की पुत्री से विवाह करेगा ! घर में तेरे है क्या, वृद्ध नयनाचारी को मालूम है कि उसका बेटा वह काम करने लगा है, जो प्राचीनकाल में राजा किया करते थे ? गोपालन, होश की बात कर, होश की !"

गोपालन ने गरदन झुका ली। उसका गला रुँध गया। वह कुछ भी नहीं कह सका।

वृद्ध कहता गया—'मैं तेरा ब्याह करा दूँगा। विश्वनाथ की कन्या अब चौदह बरस की हो चली है ! पिता भी अर्चक है। मुझे आशा है कि वह तुझे अवश्य अपना जमाई बना लेगा। उठ, चल ! बेकार अँधेरे में पड़ा-पड़ा क्या कर रहा है ?"

किंतु गोपालन नहीं उठा।

वृद्ध देर तक समझाता रहा। किंतु जब कोई नतीजा नहीं निकला, तो यह बड़बड़ाता हुआ चला गया।

आधी रात के बाद जब गोपालन बाहर निकला, तो हाथ-पाँव टूट रहे थे। चाँदनी देखकर लगा, जैसे चारों तरफ आग लग रही हो। पुष्करिणी पर चंद्रमा की शुभ्र किरणें खेल रही थीं। ऐसे ही दमयंती के विरह में नल बैठ रहा होगा। ऐसे ही उसके हृदय में भी आग लग रही होगी।

वह उन्मत्त हो उठा। रात अँगड़ाई ले रही थी। वृद्ध ताताचारी का उपहास

अब भी उसके कानों में गूँज रहा था।

धीरे-धीरे भोर हो गई। ठंडी-ठंडी हवा चलने लगी। उसने देखा, कोमल घड़ा लिए पुष्करिणी की ओर आ रही थी। गोपालन को देखकर वह मुस्कराई। फिर उसने कहा—"कहो, आयंगार! क्या रात सोए नहीं ? तुम्हारा मुँह पीला क्यों पड़ गया है ?"

गोपालन का श्वास भीतर घुट उठा। उसके मुँह से निकला—"तुम्हारा विवाह हो रहा है ?"

"हाँ-हाँ! क्यों ?" उसने हँसकर कहा—"आशीर्वाद दे रहे हो आचारी ? तिरचानूर में ही होगा। कोई दूर तो है नहीं। बस पहाड़ से उतरने की देर है।"—और जैसे मन-ही-मन वह कल्पना के सुख में मस्त होकर मुस्कराई। फिर एकाएक उसने सिर उठाया। देखा, गोपालन का मुख और भी उतर गया था। लगा, जैसे उसका हृदय असह्य यंत्रणा से छटपटा रहा हो।

"ओह!" उसके मुँह से निकल गया—"तुमको हुआ क्या है ब्राह्मण ?"

गोपालन गुमसुम खड़ा रहा। कोमल जैसे समझ गई। उसने विद्रूप से कहा—"आओगे विवाह में ? वहाँ कई अर्चक होंगे! आना! खूब दक्षिणा मिलेगी ? सच! मैं झूठ नहीं कहती!"

गोपालन के रोम-रोम पर किसी ने अंगारे फेर दिए। फिर भी वह प्रतिकार की भावना को प्रोत्साहन नहीं दे सका। अपमान का घूँट उगल न सका। जैसे संसार को उस विष से बचाने के लिए उसे पी गया। उसके मुँह से केवल निकला—"आऊँगा, देवी! तुम्हारे सौभाग्य को दृढ़ करने के लिए मैं मंत्र उच्चारण करने आऊँगा!"

कोमल ने स्नेह से उसकी ओर देखा। जैसे उसकी शंका दूर हो चुकी थी।

गोपालन खड़ा नहीं रह सका। वह लौट आया। भीतर आकर एक स्तंभ के सहारे खड़ा हो गया। लगा, जैसे वह भी पाषाण की एक मूर्ति हो! ...

... शहनाई बजने लगी। उसका तीव्र शब्द, मंगल का सूचक बनकर, कानों में गूँजने लगा। चारों ओर अगरबत्ती की मोहक गंध उठ रही थी। पके हुए केलों की गंध उठती और हवा के साथ कभी मंगल-कलशों पर जाकर थिरकती, कभी द्वार पर बँधे केले और आम के पत्तों को खड़बड़ा देती।

कोमल का विवाह हो रहा था।

गोपालन उदास-सा पास की धर्मशाला में बैठा शहनाई की आवाज सुन रहा था। जैसे यह समस्त वैभव, जो आँखों के सामने चल रहा है, इसमें

उसका कुछ भी नहीं है, वह दलित और दयनीय-सा उठाकर किनारे रख दिया गया है कि अमृत की लहरें बहती जाएँ, और वह केवल उनका कल-कल शब्द सुनता रहे, बोले कुछ नहीं, छुए कुछ नहीं।

ब्राह्मण वेद-मंत्रों का उच्चारण कर रहे होंगे। अग्नि में घी पड़ते ही लपटें हरहराकर किलकिलाती उठती होंगी, और धुएँ से कोमल की आँखें लाल पड़ गई होंगी। अनेक युवक-युवती अच्छे कपड़े पहने वहाँ इकट्ठे होंगे। किंतु गोपालन तो वहाँ नहीं जा सकता। वहाँ जाकर होगा भी क्या ?

पीछे से वृद्ध ताताचारी ने कंधे पर हाथ रखकर कहा—“अरे गोपालन! तू अभी यहीं है ? चलेगा नहीं ? वहाँ तो अनेक ब्राह्मणों को बुलाया गया है। जो जाएगा, दक्षिणा पाएगा, कोई कम-ज्यादा नहीं। आखिर इस स्थान के वही तो पुराने जमींदार हैं। अब भले ही उतने नहीं रहे। एक समय था जब वही यहाँ के सबसे बड़े आदमी थे। तू तो तब था भी नहीं। तेरे बाबा इन्हीं के यहाँ अर्चक थे, इनके निजी मंदिर में। और खाना बनाना तो उन्होंने और मेरे बड़े भाई ने इन्हीं के बाबा के यहाँ सीखा था। चल न !”

गोपालन ने कुछ नहीं कहा। वृद्ध ताताचारी के मुख पर एक बर्बरतापूर्ण हास्य खेल उठा। उसने कहा—“मूर्ख! तू मेरे पुत्र के समान है! क्या बेकार की बातों में पड़ा है ? तुझे शर्म नहीं आती कि प्रेम करने चला है ?”

गोपालन ने फिर भी मौन रहना ही सबसे अच्छा समझा। जाने क्यों वह बहुत कुछ कहना चाहकर भी कुछ नहीं कह सका।

अनंत हाहाकार की तरह बाजे की आवाजें उसके कानों में गूँजती रहीं, जैसे उसके प्राणों पर वज्रों का भयानक प्रहार हो रहा हो। वह दरिद्र था। कोमल एक धनी की पुत्री थी। सोचते-सोचते वह रो पड़ा।

घर पहुँचने पर राजम ने आँखों को कपाल पर चढ़ाकर, हाथ नचाकर कहा—“तुम तो जैसे ‘वड़यवर’ (रामानुजाचार्य) ही हो, जो तुम्हें कुछ भी चिंता नहीं! सभी तो गए थे। कम-से-कम बीस-बीस रुपया हर एक को मिला है। लेकिन तुमने तो जाने की जरूरत ही नहीं समझी !”—वह कहकर चुप हो गई। गोपालन के मुख पर असह्य व्यथा थी। लेकिन वह कुछ भी नहीं समझ सकी। अपार विस्मय से उसने देखा, वह सामने से हट गया। वह मुँह खोले ही खड़ी रह गई। अंत में उसने कुछ समझने का प्रयत्न किया। मुस्कराई। किंतु इस योग की असंभवता पर केवल हँस दी। नहीं, गोपालन कुछ भी हो, इतना मूर्ख नहीं हो सकता। राजम को फिर भी उससे कुछ स्नेह अवश्य था। पति के चले जाने पर वह उससे बात-बात पर चिढ़ती तो थी, किंतु कुछ

अपना अधिकार समझकर ही तो उससे जो चाहे कह जाती थी। खाने के समय भी व्यंग्य कसती, किंतु कभी उसे भूखा न उठने देती। ऐसा होता, तो रोती, लड़ती और अपनी करके ही रहती। जब कुछ समझ में नहीं आया, तो वह फिर अपने काम में लग गई।

गोपालन की व्यथा बढ़ती ही गई। वह रात को बहुत कम सो पाता। कोमल सामने आकर खड़ी हो जाती। संध्या समय वह देखता, पति-पत्नी घूमने जाते। कोमल का गर्व से उन्नत मस्तक देखकर गोपालन का रहा-सहा धैर्य भी लुप्त हो जाता। मन-ही-मन वह तर्क करता, मैं क्या किसी से कुछ कम हूँ ? अरे, अर्चक का बेटा अर्चक ही तो होगा! पहले क्या हमारी कम इज्जत थी ? अब जो लोग अंग्रेजी पढ़-पढ़कर धर्म को भूल केवल धन से मनुष्य के महत्व का माप करते हैं, वे ही हमारी उपेक्षा करते हैं। मैं अपना काम करता हूँ, खाता-पीता हूँ। किसी से माँगने नहीं जाता। और फिर अमीर-गरीब होना क्या किसी के हाथ की बात है ?

और सोचते-सोचते वह बड़बड़ा उठता, बूढ़ा ताताचारी सठिया गया है! कहता है, वेंकटरामन को रसोइए की जरूरत है, जाकर नौकरी कर ले! मैं कोमल की नौकरी करूँगा ? मैं उसका सेवक बनकर रहूँगा ?—और अपने आपसे उसे घृणा हो आती। वह अँधेरे में मुँह छिपा लेता।

· · · धीरे-धीरे बात आई-गई हो गई। गोपालन का उद्वेग कभी उठता, कभी गिरता। वह बहुत कम बात करता। मंदिर में ही अधिकांश समय बिताता। कभी-कभी जाकर पिता से मिल आता।

नयनाचारी अवसर पाकर गोपालन के सामने राजम को बुलाकर कहते—"बेटी, तेरे सामने तो यह बच्चा है। वरदाचारी इसे बहुत प्यार करता था। लेकिन ईश्वर की इच्छा! वह तो इसे छोड़ गया, अब तू ही इसकी माँ है। क्यों नहीं इसका भी ठिकाना कर देती ? मैं तो अब बूढ़ा हुआ। देख जाऊँ इसका ठिकाना लगते भी, नहीं तो फिर · · ·।"

गोपालन ऊब जाता। 'देख जाने' की इस तृष्णा में पिता के वात्सल्यपूर्ण हृदय की कितनी अथाह ममता थी, वह न समझ पाता। वृद्ध कभी अपनी बात के विरूद्ध कुछ भी नहीं सुनते, क्योंकि उन्हें अपनी आयु का गर्व था। वह औरों को अपने सामने बच्चा समझते थे। 'अभी क्या जानें वे ? जाने क्या-क्या सोचते हैं! ऋषि-मुनियों ने भी यही तथ्य निकाला है। और इस संसार में है ही क्या ?'

राजम इसे तुरंत स्वीकार कर लेती। यह दिल-ही-दिल में सोचती, और

प्रसन्न होती, 'आएगी एक और। घर भर जाएगा। गृहस्थी बढ़ जाएगी। जीवन की यह नीरसता दूर हो जाएगी और सबसे बड़ी बात यह होगी कि अधिक छोटों के होने पर वह अधिक बड़ी हो जाएगी, और अधिकार जताने को उसको अधिक लोग मिल जाएँगे। और फिर वह काम-काज से मुक्त होकर पूर्णतया स्वामिनी की तरह शासन कर सकेगी।'

किंतु प्रायः जैसे बात उठती, वैसे ही दब जाती। गोपालन की अरुचि अधिक बढ़ती जाती। और राजम अपने विचार दौड़ाती, किंतु कहीं अंत न मिलता। वह हारकर लड़ने लगती। वृद्ध कहते—"देख मेरी आत्मा भटकेगी!"—किंतु गोपालन को यह विश्वास न होता कि आत्मा है भी या नहीं। एक दिन तो परमात्मा की सत्ता पर जो पहले अडिग विश्वास था, वह भी डाँवाडोल हो गया। उससे डरकर गोपालन ने एक हजार आठ बार गायत्री का महाजप किया। तब कहीं मन का विकार दूर हुआ।

इतने सब पर भी उदासी दूर न हुई, और जीवन का रेगिस्तान तरल होता न दीखा।

एक दिन गोपालन जब खाने बैठा, तो राजम ने कहा—"कुछ सुना तुमने ?"

गोपालन ने पूछा—"क्या!"

"कोमल के बाप की अपने जमाई से खटपट हो गई! बाप ने कहा—'हम एक ही जगह रहते हैं। फिर लड़की यहाँ चली आया करे, तो क्या हर्ज है ?' मगर वेंकटरामन तो अंग्रेज़ी पढ़ा है। वह क्या बहू के बिना एक भी मिनट रह सकता है ? लड़ाई हो गई। कोमल ने बाप को दूध की मक्खी की तरह निकाल फेंका! देखा, आजकल का जमाना ? जन्म-भर पेट काटकर खिलाया, और यह नतीजा हुआ।" और फिर दो क्षण रुककर राजम ने कहा—"लड़की भी क्या कभी किसी की हुई है! यह तो पूर्व जन्म का दंड होता है कि खिला-पिलाकर लड़की को बड़ा करो और पैर पूज दूसरे को दान कर दो!"

गोपालन ने राजम की बात की सत्यता स्वीकार की। लड़की फैशन में पड़ गई है। नहीं तो क्या बाप की अवहेलना करती ? किंतु फिर दिमाग में खयाल आया, पति ही तो विवाह के बाद सबकुछ है। फिर भी व्यक्तिगत विद्वेष ने कोई सामंजस्य स्थापित नहीं होने दिया। गोपालन यह नहीं सुनना चाहता था कि कोमल वेंकटरामन से विवाह करके सुखी थी।

चार महीने बीत गए। गोपालन ने फिर एक बात सुनी। छाती के घावों

पर मरहम-सा लगा। विद्वेष की धधकती आग बुझी। कितना निकृष्ट सुख था वह! किंतु यह वह उस समय अनुभव नहीं कर सका।

कोमल का पति बीमार था। इलाज हो रहा था, किंतु कोई लाभ होता नहीं दीखता था। गोपालन की व्यथा फिर भड़क उठी।

अँधेरा हो गया। द्वार पर खटखटाहट सुनकर, कोमल ने आकर द्वार खोल दिया। गोपालन उसे देखकर सकपका गया। उन दिनों कोमल के घर बहुत कम लोग जाते थे। किंतु गोपालन को देखकर उसने तनिक भी विस्मय नहीं प्रगट किया, जैसे उसे मालूम था कि वह आएगा।

उसने कहा—"कहो, आयंगार ? कैसे कष्ट किया ?"

गोपालन ने देखा, उसके मुख पर उदासी थी, और वह उद्विग्न-सी लग रही थी, जैसे भविष्य का भूत उसे रह-रहकर डरा देता हो, और वह आनेवाली आपत्तियों को झेलने के लिए तैयार हो रही हो।

गोपालन ने कहा—"कुछ नहीं! हाल पूछने आया था।"

"अब तो वह अच्छे हैं पहले से। डाक्टर कहते हैं कि जल्द ही अच्छे हो जाएँगे!"

गोपालन ने चलते-चलते कहा—"कभी आवश्यकता हो, तो मैं सेवा के लिए प्रस्तुत रहूँगा!"

"जानती हूँ! किंतु विश्वास तो तब होगा, जब तुम प्रत्यक्ष कुछ कर दिखाओगे। समय पर बुलाऊँगी, पीछे तो न हटोगे ?"

"नहीं!" गोपालन ने चलते-चलते कहा।

कोमल ने 'नमस्कार!' कहकर द्वार बंद कर लिया।

गोपालन सोच रहा था चलते-चलते, 'मुझसे वह क्यों कुछ आशा करती है ? यह मान करने और रूठने का अधिकार उसे दिया किसने ? विश्वास करती है, फिर भी शंका की चाबुक मारकर आहत करने का प्रयत्न करती है!'

कुछ दिन बाद घर-घर में एक नई अफवाह फैल गई। गोपालन ने सुना। उसे विश्वास नहीं हुआ। मगर राजम छोड़नेवाली नहीं थी। उसने उसे देखते ही कहा—"अरे, सुना तुमने ? कोमल का आदमी शराब पीने लगा है ?"

"शराब!" गोपालन के मुँह से निकला। ऐसा लगा उसे जैसे आसमान फट गया हो, या जमीन खिसक गई हो।

"हाँ, हाँ, शराब, विलायती शराब! मैं तो पहले ही जानती थी। अब तो पोस्टमास्टर घमंड नहीं कर सकेगा!" और एक मुक्का सीने पर मारा, जैसे

कोई कमाल किया हो, और मुस्कराती हुई गोपालन की ओर देखने लगी।

"क्यों पीता है वह शराब ?" गोपालन ने धीरे से कहा—"ब्राह्मण का बेटा! एक पवित्र वंश में उत्पन्न होकर ये चांडालों के-से कर्म! क्या ऐसे ही वह बाप का नाम चला रहा है ? पोस्टमास्टर तो कहते थे कि वह पढ़ा-लिखा है!"

"नाम तो तुम भी ऐसे ही चलाते! वह तो कहो कि अंग्रेजी का काला अक्षर तुम्हारे लिए भैंस बराबर है! वैसे भी क्या तुमने कभी बाप की बात मानी है ? मैंने कितनी लड़कियाँ देखीं, लेकिन तुम्हारी टेक तो जैसे पत्थर की लकीर है!"

गोपालन ने उस बात का कोई उत्तर नहीं दिया। दो क्षण बाद उसने कहा—"क्या यह बात सबको मालूम है ?"

"अरे बाप रे!" राजम ने हाथ बजाकर कहा—"मालूम कैसे न होगी ? क्या सब लोग जहर खाकर सो गए हैं ? वह पी-पीकर सड़क की नालियों में गिरता फिरे, और किसी को मालूम न हो!"

गोपालन का चित्त खट्टा हो गया। अतीव घृणा से उसके मुँह में भी एक कड़वाहट-सी फैल गई। यह क्या हुआ ? बेचारी कोमल को कोई सुख बदा नहीं है ?

बाहर आकर सुना, बात सचमुच फैल गई थी। ब्राह्मण समाज ने एक मत से उसका बहिष्कार करने का निश्चय किया था। फिर भी किसी को एकदम आगे बढ़ने का साहस नहीं होता था। वेंकटरामन को सब लोग धनी जो समझते थे। गोपालन विक्षुब्ध हो उठा।

करीब चार महीने और बीत गए। गोपालन के हृदय में एक तूफ़ान सदा हाहाकार करता। ऊपर से देखने में वह पहाड़ की तरह गंभीर और शांत दिखाई देता।

एक दिन शाम को जब वह पहाड़ से उतरने लगा, तो ताताचारी ने रास्ते में उसे रोककर कहा—"वेंकटरामन मर गया। पोस्टमास्टर की बेटी विधवा हो गई!"

गोपालन हतबुद्धि-सा खड़ा रह गया। वृद्ध ताताचारी ने कोमल के प्रति उसके स्नेह को जानकर घृणा से मुँह फेर लिया। निस्सहाय कोमल के अंधकारमय भविष्य की बात सोचकर गोपालन का हृदय काँप उठा।

इसके बाद कुछ दिन चुपचाप बीत गए। फिर एक दिन गोपालन चौंक उठा। सामने एक लड़का खड़ा था। उसने लड़के की ओर बिना देखे ही

पूछा—"कौन है तू ? कहाँ से आया है ?"

लड़का उसकी ओर निस्संकोच आँखों से देखकर बोला—"कोमलम्मा ने भेजा है।"

गोपालन जानकर भी अनजान बन गया। उसने अपरिचित की भाँति सिर उठाकर पूछा—"क्या बात है ? कहता क्यों नहीं ? बेकार क्यों खड़ा है ?"

"उन्होंने आपको बुलाया है !" लड़के ने कहकर जीभ काट ली।

गोपालन हँस दिया। उसने कहा—"बुलाया है ! क्यों ? कह दो जाकर, गोपालन उसका नौकर नहीं है ! समझे ? जा, चला जा यहाँ से।"

लड़के की जीभ तालू से सट गई। वह कहना चाहकर भी और कुछ नहीं कह सका। इधर-उधर देखकर चला गया।

गोपालन का हृदय उन्मादजनित संतोष से भर गया। सोचने लगा वह—'आज जब कोई साथी नहीं है, तब गोपालन की याद आई है ! किंतु मैं तो एक दरिद्र अर्चक हूँ ! वह तो धनी घर में पली है। रुपया पानी की तरह बहा सकती है। वह क्यों मेरी प्रतीक्षा कर रही है ?'—और उसको शांति-सी अनुभव हुई—'आज वह विधवा है। आज वह किसी काम की नहीं है। आज समाज में उसका कोई स्थान नहीं है। दो दिन बाद पुष्करिणी में नहाकर गले में गीला आँचल डालकर आएगी, तब देखूँगा उसका गर्व ! जब ब्राह्मण अपने हाथों से उसके गले का तिरमंगल्यम् तोड़कर फेंक देंगे। जब उसका यौवन सिर धुन-धुनकर सुहाग के लिए तड़पेगा, तब देखूँगा उसकी शेखी !'—वह पागलों की तरह हँस उठा। और स्वयं वह ? उसके होंठों पर घृणा की हँसी सर्पिणी की तरह तड़प उठी—'क्या है गोपालन ? कुछ नहीं ! निरी मिट्टी !'

इस द्वंद्व ने उसे पराजित कर दिया। वह छत की ओर देखकर एक बार मन-ही-मन काँप उठा।

सहसा पग-चाप सुनकर सिर मोड़ा। देखा, तो विश्वास नहीं हुआ। सामने वज्राहत-सी कोमल खड़ी थी। वह आज भी सिर में तेल डाले थी। माथे पर कुंकुम लगा था, हाथों में चूड़ियाँ थीं। पूरी सुहागिन बनी थी आज भी। किंतु आज वह एक प्रेत के लिए अपने-आपको सजाए हुई थी, क्योंकि ग्यारहवें दिन ही धर्म के अनुसार वह अपना यह स्वरूप त्याग सकेगी।

गोपालन को लगा कि कोमल का सारा शृंगार ऐसा था, जैसे स्वर्ण-चिता लपटें उछाल-उछालकर धधक रही हो। उसकी छाती धक-से रह गई। उसने देखा, और देखता ही रह गया।

कोमल ने कहा—"आयंगार, मैंने तुम्हें बुलाया था। जानते हो क्यों ?"

"नहीं!" उसने कहा—"किंतु सोचता अवश्य हूँ ?"

"क्या ?" उसने निर्भीकता से पूछा।

"यही कि तुम एक जमींदार की पत्नी, और · · ·"

"पत्नी नहीं, आयंगार", कोमल ने बात काटकर कहा—"विधवा कहो, एक मृत जमींदार की विधवा!"—और वह हँस दी।

गोपालन के शरीर में वह हँसी ज्वाला बनकर फैल गई। उसने नितांत कठोरता से कहा—"विधवा ही सही, किंतु तुम्हारे स्वामी मरकर भी जमीन तो अपने साथ ले नहीं गए। उसकी तो तुम्हीं स्वामिनी हो। धन तो तुम्हारे पास है ही। तभी तुम्हें आज्ञा देना आता है! इसी से बुलवाया था न ? मुझ जैसे ब्राह्मण खरीद लेना क्या तुम्हारे लिए कठिन है ?"

कोमल मुस्कराई और बोली—"नहीं आयंगार, यह गलत है! यदि मैं अपने को घर के भीतर रखने का प्रयत्न न करती, तो संसार मेरी ओर उँगली उठाकर कहता कि देखो, मरने का आसरा देख रही थी। उसके जाते ही इसका रास्ता खुल गया।"

गोपालन ने सुना। पर वह कुछ नहीं समझ सका। वह चुप खड़ा रहा। कोमल ने फिर कहा—"जानते हो, मैं तुम्हारे पास क्यों आई हूँ ?"

"नहीं!" उसका स्वर गूँज उठा। अब भी जैसे उसे उससे कोई संवेदना नहीं थी।

कोमल कहती गई—"जानते हो, मेरे स्वामी शराब पीने लग गए थे ?"

"जानता हूँ। वह पापी था!" गर्व से उसने सिर उठाकर कहा।

"हूँ!" कोमल हँस दी—"पापी कौन है, यह तो ईश्वर ही जानता है। मैं तो केवल यह जानती हूँ कि वह मेरे स्वामी थे!"

गोपालन ने सिर उठाया। देखा, वह तनिक भी लज्जित नहीं थी, जैसे चिता की राख कभी भी लज्जित नहीं होती, चाहे उस पर कुत्ते चलते रहें या गीदड़!

"स्वामी!" गोपालन के मुँह से निकला—"तो वह शराब क्यों पीता था ?"

"डाक्टर ने कहा था कि दवा के रूप में पियो। किंतु वह भी आदमी ही थे, आदत पड़ गई। बहुत पीने लगे। स्वास्थ्य गिर गया, किंतु छोड़ नहीं सके। दोष तो मेरे सुहाग का है, उनका नहीं! आखिर गलती आदमी से ही तो होती है!"

गोपालन ऊब गया। उसने पूछा—"तो तुम मुझसे क्या चाहती हो ?"

"पिताजी की उनसे लड़ाई थी, यह भी तुम शायद जानते हो और मैं पिता के घर नहीं जाती, यह भी तुम्हें शायद मालूम है। मालूम है न ?"

गोपालन ने सिर हिला दिया।

"आज उनकी मौत पर मेरे पिता ने हर्ष मनाया है! सारा समाज उनकी ओर है, क्योंकि उनके पास पैसा है!"

'पैसा तो तुम्हारे पास भी है!" गोपालन ने व्यंग्य से कहा।

"कहाँ! जब था, तब था! अब तो नहीं है!"

"क्यों ? सब क्या हो गया ?"

"शराब मुफ्त तो मिलती नहीं ?" और वह फिर हँसी। गोपालन अचरज-भरी आँखों से देखता रहा।

वह फिर बोली—"तुम्हारे धर्म में पिता पुत्री का शत्रु होकर भी धार्मिक ही रहता है! लेकिन मैं भी सिर नहीं झुकाऊँगी! देखते हो, जो गहने पहने हूँ! बेच दूँगी इन्हें। पति का क्रिया-कर्म तो करना ही होगा। नहीं मानती, न सही; नहीं जानती, न सही! किंतु मनुष्य मरकर प्रेत नहीं होता, यह भी तो नहीं जानती! पुरखे जो कुछ करते आए हैं, उसे कर देना भी तो जरूरी है, आयंगार! और फिर एक जमींदार का क्रिया-कर्म भी तो उसकी प्रतिष्ठा के अनुकूल और अनुरूप ही होना चाहिए न!"—वह रुक गई जैसे श्वास लेने के लिए।

"तो तुम तैयार हो ?" दो क्षण निस्तब्ध करने के बाद उसने कहा—"ब्राह्मण आते नहीं। मैं तो कहीं आ-जा नहीं सकती। तुम अपने ऊपर क्रिया-कर्म करा देने की जिम्मेदारी लेते हो ?"

गोपालन चुप रहा।

"नहीं होता साहस ?" उसने पूछा—"यदि तुम्हारा धर्म एक बात आवश्यक करके उसका साधन केवल रिश्वत के बल पर दिला सकता है, तो मैं कुछ नहीं कहती! क्रिया-कर्म न होगा, तो न हो! तब मेरा सुहाग भी समाप्त न होगा। जब तक वह प्रेत हैं, तब तक मैं विधवा नहीं हूँ। मैं ऐसे ही शृंगार करती रहूँगी। तब एक दिन लाचार होकर तुम ब्राह्मणों को शायद मेरी हत्या करने के अतिरिक्त और कोई चारा नहीं रह जाएगा!"

गोपालन के हृदय को जैसे किसी ने जोर से नोच लिया, 'प्रेत की पत्नी! कौन कोमल! नहीं, नहीं, यह अत्याचार नहीं हो सकता!' उसने सिर उठाकर दृढ़ स्वर में कहा—"जाओ, लौट जाओ! मैं आऊँगा तुम्हारे सुहाग का अंत करने! जिस धर्म ने ब्राह्मण को सबकुछ बनाया है, उसी ने ब्राह्मण का सबसे

बड़ा अपराध धर्म के काम न आना भी कहा है! तुम्हारा पति पापी था। मैं उसकी आत्मा को न केवल प्रेतयोनि से छुड़ाऊँगा, बल्कि उसे पवित्र भी करूँगा। युग-युग के अंधकार में वह नहीं भटकेगा। उसकी प्यास बुझेगी, उसकी भूख मिटेगी। और तुम्हारे सौभाग्य का कुंकुम मिटाकर मैं तुम्हें भी पवित्र कर दूँगा। तुम्हारी यातना को मैं मंत्रों से केवल समाप्त ही नहीं करूँगा, वरन एकादश के दिन स्वयं प्रेत का यमभोज करूँगा, और वह सीधा स्वर्ग चला जाएगा!"—कहकर गोपालन ने उसकी ओर इस तरह देखा, जैसे आशा कर रहा हो कि वह कृतज्ञता से नतमस्तक हो जाएगी, क्योंकि, एकादश का यमभोज अग्नि की भेंट किया जाता है, और परंपरा का विश्वास है कि पवित्र वैदिक रीति से चलनेवाला ब्राह्मण उसे खाकर अधिक दिन जीवित नहीं रहता।

किंतु कोमल अप्रभावित-सी खड़ी थी। उसने सिर हिलाकर कहा—"वह सब तो नहीं होगा आयंगार! जो ख़ाली हो गया है, वह तो कभी भी नहीं भर सकेगा। हाँ, क्रिया-कर्म अवश्य हो जाएगा। मैं कृतज्ञ होऊँगी!"

गोपालन किंकर्तव्यविमूढ़-सा हो गया। वह क्या कहे?

तभी कोमल ने मुड़कर कहा—"तो, आयंगार, कल नवाँ दिन है। कल ही से काम प्रारंभ होगा।"

"तुम निश्चिंत रहो!" गोपालन ने उत्तर दिया।

कोमल झुकी और प्रणाम किया। उसकी आँखों से दो बूँद आँसू पृथ्वी पर टपक पड़े। उसने कहा—"जाती तो हूँ! ... यह मैं जानती हूँ कि मेरे आने के पहले तुम मुझसे क्रुद्ध थे। अब तो नहीं हो?"

"नहीं!" गोपालन ने निर्विकार होकर कहा।

"तुम पूरे पत्थर हो! तुम्हारा हृदय शायद मेरे अत्याचारों के कारण अब बिल्कुल निर्जीव-सा हो गया है?"

"नहीं!" गोपालन ने कहकर मुँह फेर लिया। फिर उसने एक क्षण रुककर कहा—"यह गर्व लेकर न जाना कि तुमने मुझे मूर्ख बना दिया है। जो कुछ मैं कर रहा हूँ, वह केवल इसलिए कर रहा हूँ कि ब्राह्मण होने के कारण लाचार हूँ! मैं तुम पर कोई भी एहसान नहीं कर रहा हूँ! और न मैं तुम्हें प्यार करता हूँ!"

कोमल हँस दी। उसके होंठों पर एक तरलता सिहर उठी। उसने स्नेह-भरे स्वर में कहा—"बालक!"

जब वह चली गई, तो गोपालन काम में लग गया।

दूसरे ही दिन धूमधाम से क्रिया-कर्म प्रारंभ हो गया। पहले जो ब्राह्मण हिचक रहे थे, अब वे अपने-आप आने लगे। गोपालन ने अपने हाथ से कोमल के गहने बेचकर उसके सामने रुपए रख दिए। काम चल निकला। प्रारंभ के सारे विघ्न राह से हट गए।

इन सबसे जो सबसे अधिक क्रुद्ध हुई, वह राजम थी। उसने पूछा—"क्यों, काफी मिलेगा ?"

गोपालन ने उपेक्षा के भाव से कहा—"मौत का काम है, शादी का नहीं कि जिद करूँगा! जमींदार की विधवा जो दे देगी, ले लूँगा!"

"ओ हो! अब तो पूरे धर्मात्मा बन गए! यहाँ मुफ्त भरपेट खिलाती हूँ न बाप-बेटे को, इसी से दिमाग आसमान पर चढ़ा जा रहा है! अगर सौ रुपए लाकर मुझे न देना हो, तो यहाँ मुँह मत दिखाना! हयादार होगे, तो आप ही यहाँ लौटकर न आओगे! भली कही! रोज बड़े आदमी मरते हैं न कि उनका भी काम मुफ्त किया जाए! देने को पैसे न हों, तो मान भी लिया जाए। जमीन तो छाती पर बाँधकर ले नहीं गया! अभी बहुत है। फिर अभी से क्यों फटी जा रही है उसकी छाती ? मरे का परलोक सुधारने में भी पैसा खर्च न करेगी! कंजूस कहीं की!"

"भाभी!" पहली बार गोपालन ने कठोर प्रतिकार किया—'मैं कुत्ता नहीं हूँ! समझी ?"

"तो मैं भी गाय नहीं हूँ! समझे ? बैल भी जब हल चलाते हैं तब खाने को पाते हैं। और यहाँ बाप और बेटे की जुगाली सुनते-सुनते मेरे तो कान पक गए! मैं तो कहे देती हूँ · · ·"

गोपालन से अधिक नहीं सुना गया। चिल्ला उठा—"भाभी! तेरा पाई-पाई चुका दूँगा! जब तूने खिलाया था तब मैं छोटा था, नहीं तो कभी वह जहर न खाता! पिता वृद्ध हैं। तू जो अपना सुहाग लिए फिरती है, सो अपने पति को तूने नहीं खिलाया था। इस बूढ़े ने ही अपनी हड्डी निचोड़कर उसे खिलाया-पिलाया था! समझीं ?"

राजम अवाक् देखती रह गई। गोपालन के चले जाने पर, उसने वृद्ध नयनाचारी को जा घेरा। कहा—'देवर वेंकटरामन के एकाह (एकादश) में बैठनेवाले हैं!"

"सो तो उसे करना ही चाहिए! ब्राह्मण का बेटा है न!" वृद्ध ने कहा। उनकी वाणी हमेशा नम्र रहती।

"और पैसा कुछ भी नहीं मिलेगा!" राजम ने उकसाया।

"न सही!" वृद्ध ने प्रसन्न होकर कहा—'किंतु धर्म का काम तो करना ही होगा। यदि पैसे के बल पर ही क्रिया-कर्म हो, तो मुझ जैसे गरीब का तो कभी न हो सकेगा!"

राजम लाचार हो गई। वृद्ध के पीछे ही वह बड़बड़ाती थी, सामने कुछ कहने का साहस नहीं होता था। उसने अंतिम बाण मारा—'देवर ब्रह्मचारी है। क्या उसका एकाह में बैठना उचित होगा ? यदि वह भी नहीं रहेगा तो फिर वंश कैसे चलेगा ? कौन देगा हम सबको पानी ?"

वृद्ध चौंक उठा। उसने सोचकर कहा—"तो उस मूर्ख से किसने कहा कि वह एकाह में भोजन करे ? किसने कहा उससे ? बाप के रहते बेटा बैठ जाए, ऐसा तो कभी नहीं सुना! मैं बैठूँगा! घबरा मत! तेरे देवर का बाल भी बाँका न होगा! न जाने मुझे कौन कहता था कि अब समय आ गया! सचमुच समय आ गया!"—और वृद्ध गंभीर हो गया।

दिन बीत गया। साँझ बीत गई। रात हो गई। वृद्ध वैसे ही चिंता में मग्न-सा बैठा रहा, जैसे अपने लंबे रास्ते को मुड़कर देख रहा हो, और अपने पिछले प्रत्येक कर्म को याद कर रहा हो, जैसे उसे उन पुराने पथों से मोह हो गया हो जो अब उसे सदा के लिए छोड़ देने होंगे। वह नहीं रहेगा, नहीं रहेगा, और दुनिया फिर भी चलती जाएगी, चलती जाएगी। किंतु फिर भी उसे दुःख नहीं था, डर नहीं था। जैसे जीवन को उसने स्वीकार किया था, वैसे ही मृत्यु को भी वह चुपचाप स्वीकार कर लेगा। सारा जीवन एक खेल-सा लग रहा था। कल तक सबके केंद्र वही थे, और कल जब वह नहीं रहेंगे, तो बेटा छाती पर पत्थर रखकर रो लेगा। और क्या करेगा बेचारा ? सदा के लिए सब काम तो रुकेंगे नहीं। किंतु इसके लिए क्या दुःख ? यह परंपरा तो ऐसी ही चलती जाएगी। पिता पुत्र का संसार बनाए, और पुत्र पिता का परलोक बनाए। इसीलिए तो इतने स्नेह, इतनी भक्ति की सृष्टि हुई है। ··· एकांत में बैठना होगा। ब्राह्मण होकर केवल धन के लिए मरे, तो वह कुत्ते से भी बदतर! आज ब्राह्मण जो लोलुपता दिखा रहे हैं, इसी कारण तो उनका मान नहीं रहा। अब बड्डन (भंगी) भी राहों पर आते समय आवाज देकर हट नहीं जाते। फिर मन में विचार आया—'क्या वे मनुष्य नहीं हैं ? क्या अब उनकी छाया लगने से भगवान अस्पृश्य हो जाएँगे ? नहीं!'—मृत्यु की महान समता के उच्च आदर्श के प्रकाश में वृद्ध ने उस जड़वाद को दुतकार दिया।

कल गोपालन याद करेगा कि वृद्ध यहाँ बैठता था, यहाँ पूजा करता था। और बैठकर घंटों सोचेगा, घबराएगा। किंतु होते-होते सब ठीक हो जाएगा।

समय अपने आप ठीक कर लेगा। वृद्ध का हृदय अतीव स्नेह से एक बार विह्वल हो गया। मृत्यु आकर सबकुछ समाप्त कर देगी। और पागल बेटा उस मिट्टी को चिता पर रखते समय रोएगा।

मृत्यु ! वृद्ध के मुँह से वेद के महामृत्युंजय मंत्र के शब्द फूट निकले—'त्र्यंबकं · · ·' जैसे आज वह अनेक शक्तियों से पूर्ण महारुद्र त्र्यंबक का यम को क्षण-भर रोकने के लिए आवाहन कर रहा हो।

और जो कुछ अभी तक हुआ है, कल ऐसे लगने लगेगा, जैसे कभी नहीं हुआ। राख को बहाकर जब पुत्र लौटेगा, तब संसार में नयनाचारी नाम का कोई चिह्न तक नहीं रहेगा। आज तक जिस सबको अपना समझा था, वह सब पराया हो जाएगा। सब पीछे छूट जाएगा, सब रह जाएगा। किंतु केवल वही नहीं रहेगा—कल मैं ही एकाह में बैठूँगा ! और वृद्ध वैसे ही बैठा रहा। जैसे आज जीवन मृत्यु का महान आवाहन कर रहा हो !

राजम स्तंभित-सी, डरी-सी सोच-विचार में पड़ गई—यह बूढ़ा क्या करनेवाला है ? क्या सचमुच वह जाकर एकाह में बैठ जाएगा ? एकाह का भोजन वे अग्नि की भेंट क्यों नहीं कर देते ? किंतु उनकी बला से ! जब एक मूर्ख ब्राह्मण मिल रहा है, तो अग्नि में क्यों डालें ? और दक्षिणा के नाम पर दिखा देंगे सींग ! कुछ नहीं ! कौन देता है सिधाई से ?—और वृद्ध नयनाचारी और गोपालन के प्रति उसके मन में ममता जाग उठी—कुछ भी हो, अपने तो ये ही हैं ! ईश्वर की इच्छा ! जो होना होगा, वह तो होगा ही।

एकाएक वह ब्राह्मण जाति को मन-ही-मन तिरस्कार से गाली दे बैठी। किंतु फिर ध्यान आया कि यह ब्राह्मण की ही महिमा थी कि वे जान गए—मरने पर आदमी प्रेत होता है, और · · · वह डर गई, और प्रायश्चित्त के रूप में भगवान के समक्ष सिर झुकाकर हाथ जोड़ दिए।

· · · यह चुपचाप देखती, गोपालन व्यस्त रहता। ब्राह्मणों को कोमल उसी की राय लेकर दक्षिणा देती। सब काम वही करता। कोई-कोई स्त्री उसकी ओर संदेहपूर्ण दृष्टि से देखती कि इसे इस सबमें इतनी दिलचस्पी क्यों है। किंतु वह शोक का काम था इसलिए उसकी चर्चा चल न पाती, वर्ना वहाँ कोई ऐसा न था, जो कोमल और गोपालन के संबंध के अनौचित्य की संभवता पर विचार करना पसंद न करता हो।

उन दोनों के संबंध के विषय में संदेह लोगों को बहुत पहले से ही था। अब संदेह सत्य-सा लगने लगा।

राजम को क्रोध आया—'तभी सब काम मुफ़्त किए जा रहे हैं। राँड से

लगाव जो हो गया है! देखो तो, ऊपर से कैसा चिकना बादाम लगता था! मगर अंदर की किसे खबर थी ?'

ग्यारहवाँ दिन अपनी पूरी भयंकरता के साथ सिर पर आ गया। जब कोमल को देखकर स्त्रियाँ इधर-उधर से आ-आकर छाती पीट-पीटकर रोने लगीं तब वाद्यार (पुरोहित) ने अग्नि में आहुति दी। खाना केले के पत्ते पर परोस दिया गया। कोमल चुप खड़ी रही। उसकी आँखों में एक भी बूँद आँसू नहीं था, बल्कि एक गर्व था कि देखो, किसी के किए कुछ न हुआ, क्रिया-कर्म हुआ और हो रहा है।

वाद्यार और अनेक ब्राह्मणों ने मंत्र पढ़ने शुरू किए। 'प्रेत' शब्द साक्षात कराल प्रेत बनकर आग से उठते धुएँ को झकझोर गया। वाद्यार ने एकाएक पूछा—"एकाह में कौन-कौन बैठेगा ?"

ब्राह्मण एक-दूसरे का मुँह देखने लगे। किसी को नहीं मालूम था कि दक्षिणा क्या मिलेगी। व्यर्थ कौन मौत सिर पर मोल लेता ? शठकोपन ने बैठे-बैठे ही कहा—"अग्नि को होम करो बृहस्पति !"

"नहीं !" गोपालन ने आगे बढ़कर कहा—'मैं बैठूँगा !"

सबने अचरज से उसकी ओर देखा। वाद्यार रुककर बोला—"तुम्हारा नाम ?"

उसी समय गोपालन ने विस्मय से देखा, एक वृद्ध ने पीछे से कहा—"नयनाचारी !"

वाद्यार ने पूछा—"पिता का नाम ?"

"विजयराघवाचारी !" उसके मुख पर एक मुस्कराहट फैल गई।

गोपालन चिल्ला उठा—"पिताजी, यह तुमने क्या किया ?"

वाद्यार तब तक नयनाचारी पर यम का आवाहन कर चुका था। गोपालन का हृदय भर आया। वह बोला, "किंतु, पिताजी, तुम मर जाओगे! क्या तुम नहीं जानते कि पवित्र आचरण रखनेवाला ब्राह्मण इसके बाद अधिक दिन तक नहीं जीवित रहता ?"

वृद्ध ने मुस्कराकर कहा—"श्रीनिवासन ने स्वप्न में जो कह दिया है, वह क्या झूठ होगा ? जा, राजम तेरा विवाह कर देगी। इसके बाद मुझे पितृ-ऋण से मुक्त कर देना !"

किंतु गोपालन नहीं हटा। वृद्ध ने धक्का देकर उसे हटा दिया, और खाने बैठ गया।

वाद्यार मंत्र पढ़ता रहा। कभी-कभी अन्य ब्राह्मण भी स्वर में स्वर मिलाते।

उनके गंभीर शब्द से अग्नि थरथराने लगी, धुआँ चारों ओर फैल गया, और प्रेत की अनंत यात्रा सजीव होकर आँखों के सामने नाच गई।

जब वृद्ध खाकर उठा, तो वह मुस्करा रहा था। वाद्यार ने दक्षिणा देने को जब हाथ उठाया, तो वृद्ध ने अंजली लेकर सब ब्राह्मणों को बाँटने का इशारा किया। प्रेतत्व धन पर हट गया। पच्चीस रुपए ब्राह्मणों में बँट गए।

वृद्ध चला गया। क्रिया-कर्म संपन्न हो गया। घर-घर नयनाचारी की तारीफ होने लगी! किंतु राजम ने गोपालन और कोमल की बदनामी करनी शुरू कर दी।

वृद्ध घर पहुँचते ही शैया पर जा लेटा, और जाने क्यों इतना अशक्त हो गया कि उठ नहीं सका। तीसरे दिन जब राजम-गोपालन घर पर नहीं थे, हाथ-पैर फेंककर वह अपने विश्वासों पर बलि हो गया, मर गया।

घर आकर राजम और गोपालन ने देखा, और रो-धोकर उसका दाह कर दिया। किंतु क्रिया-कर्म के लिए रुपए नहीं थे।

गोपालन कोमल के सामने उपस्थित हुआ।

"सुना आयंगार! बहुत दुःख हुआ!" कोमल ने कहा—"तुम्हारे पिता मनुष्य नहीं, देवता थे!" और बिना माँगे ही सौ रुपए निकालकर दे दिए।

गोपालन रो दिया।

कोमल ने कहा—"आयंगार, एक बात कहूँ ? बुरा तो नहीं मानोगे ?"

"नहीं।" गोपालन ने उसकी ओर देखते हुए कहा।

"जानते हो, दुनिया हमें बदनाम कर रही है ?"

"मालूम है!" गोपालन ने छोटा-सा उत्तर दिया।

"डरते तो नहीं ?" उसने फिर पूछा।

"नहीं! डरूँ क्यों ? क्या हममें अनुचित संबंध है!"

"अनुचित संबंध तो है, आयंगार! उसे तुम यों नहीं मिटा सकते!" कोमल ने उसके चेहरे पर आँखें गड़ाकर कहा।

"क्या कह रही हो ?" गोपालन का स्वर काँप गया।

"क्यों ?" कोमल ने कहा—"संबंध क्या शारीरिक होने से ही अनुचित होता है, मानसिक होने से नहीं ?"

"वह तो केवल धारणामात्र होती है", उसने सकपकाकर कहा।

कोमल हँस पड़ी। उसने सिर हिलाकर कहा—"तो तुम्हारा प्रेम, उन्माद, पागलपन, सब केवल एक साधारण धारणा थी, जो आई और चली गई ? फिर जान देने पर क्यों तुले थे ?"

गोपाल लजा गया। कोमल ने ही फिर कहा—"हम बदनाम तो हो ही गए! अब और किसी पर तो मैं विश्वास नहीं कर सकती। तुम्हारा ही भरोसा है। तुम्हीं जमींदारी का काम सँभालो। जानते हो, मैं औरत हूँ। सब काम अकेले नहीं कर सकती।"

गोपालन चुप रहा। अर्थात उसने प्रस्ताव स्वीकार कर लिया।

राजम को चैन न आना था, न आया। पहले गोपालन रोटियों के लिए उसका मुहताज था, पर अब नहीं रहा। जमींदारी का इन्तजाम करता, और बड़ी खूबी से करता। सारा रुपया कोमल को दे देता। वह जो देती, ले लेता। बात पलट गई। पहले वह रोटियों को तरसता था, अब वह राजम को उल्टे रुपया देता। पहले राजम के दस काम करता था, अब राजम अकेली पड़ गई। इसी से जब कोई अधिकार जताने और लड़ने को नहीं रहा, तो वह व्याकुल हो उठी। सुहागिन वह अब भी थी, किंतु कुंकुम लगाकर क्या पत्थरों पर सिर पटकती? वृद्ध जहाँ-जहाँ बैठता था, वहाँ-वहाँ उसे बैठकर एक विश्रांत की सांत्वना-सी मिलती है। वृद्ध की मृत्यु का एकमात्र कारण गोपालन को समझकर वह और भी उसके विरुद्ध हो गई। ढल चली थी, मगर अभी बूढ़ी तो नहीं हुई थी। धीरे-धीरे उसको इस बात से संतोष होने लगा कि कोमल और गोपालन के संबंध की बात घर-घर चल रही थी। सब उस पाप को रोकना चाहते थे, किंतु कोई सिलसिले का छोर हाथ में नहीं आता था कि पकड़कर खींच लें, और सारा पर्दा सर्र से खुल जाए।

कोमल ने गोपालन को देखा, और चिंतित स्वर में बोल उठी—"सुना आयंगार? अब तो रहना भी कठिन होता जा रहा है! ऐसे कब तक चलेगा?"

गोपालन ने पानों पर चूना लगाते हुए कहा—"तुममें तो साहस था न? फिर डरती क्यों हो?"—कहते हुए उसने सुपारी मुँह में डालकर आठों पानों को मुँह में भर लिया, और चबाने लगा।

कोमल कुछ देर तक चुप खड़ी रही। फिर बोल उठी—"डरती हूँ! सच, आयंगार, मैं अपने मन से डरती हूँ!"—वह हठात् चली गई।

गोपालन के हृदय में एक कील-सी चुभ गई।

साँझ बीत गई। दीपक जलने लगे। उनके धूमिल प्रकाश में गोपालन ने देखा, कोमल चुपचाप खड़ी थी! वह उसके पास चला गया।

कोमल उसे देखकर सिहर उठी। कुछ देर चुप रहकर उसने कहा—"मैंने

तुम्हें बहुत दुःख दिया है! क्यों ?"

गोपालन ने सिर हिलाकर अस्वीकार किया। फिर मुँह खोला और बंद कर लिया।

"कुछ कहना चाहते थे ? कहते क्यों नहीं ? मैं क्या तुमसे कुछ कहती हूँ ? तुम्हारी ही दया से तो सब काम ठीक तरह चल रहे हैं!" कहने को तो कह गई पर फिर नीचे का होंठ दाँत से काट लिया।

गोपालन ने वह सब नहीं देखा। वह बोला—"दया तो तुम्हारी है, कोमलम्मा, तुम्हारे पास रहकर मुझे जितना सुख मिलता है, उतना और कहीं भी नहीं मिलता।"

"क्यों ?" उसने उसे और उकसाया।

"तुम मुझे बड़ी अच्छी लगती हो!" गोपालन ने कहा—"सच, बहुत अच्छी लगती हो!"

देखा, वैधव्य में भी वह वैसी ही सुंदर थी, और उसकी मादकता अब भी धीरे-धीरे उस पर रेंग रही थी। गोपालन का हृदय आतुर हो उठा। धुँधला प्रकाश एक नशा-सा दे रहा था। दोनों आँखें खोलकर एक-दूसरे को ऐसे देखते रहे, जैसे चार दीपक जल उठे हों! गोपालन ने आंदोलित होकर कोमल का हाथ पकड़ लिया। कोमल ने बेसुध-सी होकर आँखें मूँद लीं। किंतु सहसा वह हाथ झटककर खड़ी हो गई।

गोपालन चौंककर पीछे हट गया। कोमल की आँखों में क्रोध की भीषण ज्वाला धधक रही थी। वह ठठाकर हँस पड़ी। गोपालन भय से काँप उठा।

कोमल ने उसकी ओर उँगली उठाकर कहा—"तुम! तुम एक स्त्री को अकेली जानकर उसका अपमान करना चाहते थे ? तुम एक विधवा को अपवित्र करना चाहते थे ? तुम कहोगे शरीर से क्या होता है ? किंतु मन ? मन भी तो तुम्हारा साँप जैसा काला और विषैला है! तुम, जिसे मैंने दया करके इतने दिन खिलाया, मेरी जड़ काटने पर उतारू हो गए! पापी!"

गोपालन जड़ हो गया। चेहरे पर काला रंग पुत गया।

किंतु कोमल चुप नहीं हुई। वह बोलती ही गई—"घर पर तुम कुत्तों की तरह भाभी की दया पर पड़े थे। एक दिन तुमने मेरी ओर हाथ बढ़ाया था, किंतु मैंने तुम्हें फिर भी अपना स्नेह दिया! और अंत में तुमने यह चाहा कि मैं कहीं की भी न रहूँ!"

गोपालन का कंठ अवरुद्ध हो गया। वह कुछ भी नहीं कह सका।

कोमल उसके पास आ गई। उसकी आँखों में आँसू थे। उसने रोते-रोते

उसके कंधे पर हाथ रखकर कहा—'मैं जानती हूँ आयंगार! समुद्र-तीर की बालू पानी सोखती नहीं, तो क्या भीगने से बची रहती है ? तुमने मेरे पीछे ही सबकुछ त्याग दिया! नाम भी छोड़ दिया! मैं जानती हूँ, तुम्हारे मन में मेरे लिए अटूट, अक्षय स्नेह है। एक काम करोगे ?"

गोपालन पत्थर की मूर्ति की तरह खड़ा रहा।

कोमल ने फिर कहा—"जाओ, गोपालन! आज मैंने पहली बार तुम्हारा नाम लेकर पुकारा है। सदा के लिए इस देश से चले जाओ। कौन है तुम्हारा यहाँ जिसके लिए रहना चाहते हो ? आग और फूस साथ नहीं रह सकते गोपालन! मुझे डर है कि मैं इस अग्नि में भस्म हो जाऊँगी! मैं तुमसे भीख माँगती हूँ, मुझे अकेली तड़पने दो। जाओ, कहीं सुदूर चले जाओ। विवाह करके सुखी जीवन बिताओ! ··· जाओगे ?"

गोपालन ने सिर हिलाकर स्वीकार कर लिया। वह निश्चल खड़ा रहा।

कोमल ने कमर से नोटों की एक गड्डी निकालकर कहा—"यह लो, गोपालन! ले लो इसे!"

किंतु गोपालन ने नोटों को नहीं छुआ। वह द्वार की ओर चलने लगा।

कोमल ने हठ करते हुए कहा—"लेते जाओ इन्हें, नहीं तो दर-दर भटकोगे! ··· ब्राह्मण के बेटे को भीख लेने में लाज क्यों ?"

गोपालन ने फिर भी उत्तर नहीं दिया। वह बढ़ता ही गया।

कोमल ने फिर कहा—"भूखों मर जाओगे! यहीं कौन मालिक थे, जो इतनी अकड़ दिखा रहे हो ? मुझ पर एहसान रहने दो! तुम दरिद्र हो ···"

किंतु गोपालन चला गया।

कोमल ने कुछ देर इधर-उधर देखा, और फिर फूट-फूटकर रो उठी।

अनेक वर्ष बीत गए थे। उसका हृदय अब भी अपमान से तड़प उठता था।

गोपालन ने आँखें खोलकर देखा। वही प्राचीन अंधकार अब भी छा रहा था। वह उठा, और छत पर घूमने लगा। सामने ही कुआँ था नीरव। पेड़ भी निस्तब्ध थे, दूर किसी प्राचीन काल का वह ऐतिहासिक खंडहर भी मौन था। चारों ओर भयानक नीरवता थी।

'कहाँ है जीवन की ममता का उन्माद ?'—हृदय अहंकार से पूछ बैठा।

दूर कहीं फुलवाड़ी के किसी पेड़ पर बैठा उल्लू हँस उठा; एक डरावनी

हँसी जो उस प्राचीन मंदिर की ईंटों से टकरा गई।

और गोपालन विक्षुब्ध-सा देखता रहा अविश्वास के कगारों पर खड़ा, अपनी ही यंत्रणा में घुटा-सा, चुपचाप।

अब वह परदेस में है। कहीं कोई उसका नहीं। जीवन यंत्र-सा चलता जा रहा है। इसके अतिरिक्त और चारा भी नहीं।

['47 से पूर्व]

नया समाज

शहर से चार मील दूर के उस छोटे-से गाँव की शांति, या नीरवता, अब टूट गई थी। पिछली लड़ाई के पहले केवल रेल की घड़घड़ाहट सुनाई देती थी या फिर बड़ी सड़क पर कभी-कभी साहब लोगों की शिकार पर जाती हुई रंगीन औरतों से लदी बड़ी-बड़ी मोटरें; वरना उधर तालाब के किनारे के सेंठे के जंगल में हवा भरकर गूँजा करती थी, जिनमें कभी-कभी बनैले सूअर थुथने फुफकारते घूमा करते थे। पर अब वही कारखाना भन-भन करके शोर करता है। उसका धुआँ चिमनियों से उड़ता और फिर झुककर गाँव की ओर भागने लगता—जैसे वह इन्सान से दूर नहीं जाना चाहता हो—और छप्परों पर लोटकर वह फिर ऊपर उठने लगता। पर किसी को भी यह सब देखने की फुर्सत नहीं थी। लड़ाई के बाद भी गजब की महँगी थी। तिस पर अब मजदूर नौकरियों से निकाले जा रहे थे—छँटनी हो रही थी।

रेल के डिब्बे उधर ही सरका दिए जाते थे। और बच्चे उन मालगाड़ियों के डिब्बों में खेला करते। उनके इर्द-गिर्द ही पहाड़ियों की गूँजती हुई आवाज उठती और फिर रेल की पटरियों के दोनों तरफ इकट्ठा किए गए जले कोयले के ढेरों के पीछे भागते हुए बच्चे अपनी-अपनी जगह से निकल भागने लगते। किनारे ही मजदूरों के लिए क्वार्टर बन गए थे। अक्सर तो मजदूर गाँव का था, पर इधर से जो शहर आ पहुँचा था, उसके लिए यह घर बनाना जरूरी हो गया था। वहाँ अक्सर पुलिस के सिपाही दिखाई देते। उनकी आँखों में एक खौफ़ की निशानी होती थी।

पर मास्टर साहब के लिए यह बातें दूर की थीं। जिंदगी का पत्थर बड़ा मजबूत था। उस पर किसी तरह अब सतत रस्सी के घिसने से कुछ गड्ढा-सा पड़ना शुरू हुआ था। मास्टर साहब कुछ-कुछ खिचड़ी बालों से, जिनकी टोपी के अंदर न सिर्फ चुटिया, बल्कि एक अधकचरी बुजुर्गी भी छिपी रहती थी, अपनी उम्र से अधिक दिखाई देते। घुटनों तक ऊँची धोती पहनते। पाँव में

बूट। और अक्सर टखनों तक धूल चढ़ी रहती। जब वे जूता उतारते, पाँव धूल से जूतों में अक्षत रहता हुआ भी पसीज उठता और पाँव पर जूते का नक्शा हू-ब-हू उतर आता। चेहरे पर ऊपर के दाँत जरा उठे हुए थे। वैसे उनकी मूँछें काफी हद तक इस बात को छिपा लेती थीं।

कभी-कभी उन्हें कुछ बाबू लड़के मिलते। मास्टर साहब उनमें से कुछ को पहचानते थे। कुछ उन्हें अपने निकट समझते थे। एक लड़का साइकिल पर आकर अखबार देता। जब मास्टर साहब उस अखबार को पढ़ते, तो उन्हें लगता कि दुनिया में, भारत में, गरीबों पर कितना अत्याचार हो रहा था, जो बड़े-बड़े अखबारों में कहीं भी नहीं छपता था। एक ने तो गाँववालों की तरह सामने से बिल्कुल सींक रखवा ली थी। वह अंग्रेज़ी पढ़ा-लिखा लड़का था। मास्टर साहब ने उसे जब देखा, तो वे उसे आसानी से पहचान भी नहीं सके। उन्होंने उससे परिचय के कारण बात भी नहीं की। तब पता चला कि वह आजकल किसानों में काम करता है। पुलिस उसके पीछे पड़ी हुई है।

मास्टर साहब को कुछ भीतरी भय-सा हुआ। उन्हें लगा, वे स्वयं क्रांतिकारी थे, क्योंकि वे ऐसे व्यक्ति के पास खड़े थे, जिसका शायद वारंट होगा। लेकिन सत्य यह था कि वारंट गिरफ्तारी के बाद फौरन कटता था, क्योंकि पुलिस पहले ही से मैजिस्ट्रेट के दस्तखत कराके फार्म अपने पास रख लेती थी।

धीरे-धीरे हलचल बढ़ती जा रही थी। वह अमन टूट गया था। जमींदारों में एक बौखलाहट पैदा हो गई थी। जब मास्टर साहब को कुछ भी नहीं सूझता, वे अपनी छोटी बच्ची कमला को गोद में उठा लेते और मंदिर की ओर चल पड़ते। वहाँ कीर्तन में घंटा-डेढ़ घंटा बिताकर जब वे लौटते, मन फिर भारी हो जाता।

स्कूल में वे देखते थे कि ग्राम-विकास पर विचार करने एक बड़ी मोटर में बैठकर कुछ खद्दरपोश आते थे। एक उनमें से आँखों पर चश्मा लगाते थे, साँवला-सा रंग था और दोहरा बदन। दूसरे की मूँछें ऐसी थीं, जैसे बच्चा जाँघें चौड़ाकर बैठ गया हो। दोनों ही बड़ी मोटर में बैठकर लौट जाते। सुना जाता था कि उन्होंने अत्यंत दरिद्रता से रहना स्वीकार किया था। वे लोग सिर्फ आठ सौ रुपया महीना तनख्वाह पाएँगे। मास्टर साहब अपने ऊपर ही झुँझला उठते।

नई जिंदगी की लहरें-सी आतीं। वे मजदूरों के जुलूस को देखते, जो उमड़ता चला आता था। वे तरह-तरह के नारे लगाते। उनको देखकर पुलिसवाले भी मन-ही-मन सिहर उठते, क्योंकि उन मजदूरों की माँग में ईमान

की पुकार होती। वे सीधी बातें चाहते थे, वे बातें जिनका पेट से सौदा होता था।

शहर के पास ही होने से गाँव में रोज नई-नई खबरें चल पहुँचतीं। ज्यादातर दूधवालों के मुँह, जो साइकिलों पर टंकी बाँधकर पहर रात रहे चल पड़ते और साँझ को लौट आते। वे तरह-तरह की खबरें सुनाते। अखबार लाते। मास्टर साहब जब साँझ के समय किसी डगर पर निकलते, तो किसान उन्हें रोककर पूछते कि क्या जमींदारी जा रही है, या यह भी कोई नया खेल है ? क्या अब सबको पढ़ना पड़ेगा ? क्या परती धरती मिलेगी ? गाँव में चलते-फिरते अस्पताल और नुमायशें आया करेंगी ? और इन सवालों से लेकर, तकावी, बीज के मामलों से होते हुए वे पूछते कि अगर कांग्रेस जमींदारी छीन रही है, तो जमींदार क्यों उसमें जा रहे हैं, अंगरेजी राज में तो वे अलग रहते थे। पुलिस उन्हीं का साथ क्यों देती है ? मास्टर साहब जवाब देते और दिल में महसूस करते कि शहर का कितना अजीब असर होता है। जब कभी वे अपनी ससुराल जाते, तो वहाँ किसान यह सब सवाल नहीं पूछते थे। शहर और फिर पास ही खुले हुए इस कारखाने से, जिसमें गाँव के अनेक नौजवान काम करने जाते थे, अजीब-सी चेतना फैलती जा रही थी। और थे वे बाबू, जिनके पीछे हर मिनट पुलिस लगी रहती थी। किसानों-से कुछ नौजवान पूछते—"मास्टर साहब, ये बाबू वही तो कहते हैं, जो पहले कांग्रेसवाले कहते थे!" मास्टर साहब क्या कहते ?

और घर आते ही वही उदासी। मास्टर साहब को एक विचित्र-सी थकान महसूस होती। वे अखबार पढ़ते हैं। फिर क्यों उनमें इतनी हिम्मत नहीं है कि किसानों को असली बात समझा दें। गरीब गरीब है, अमीर अमीर। और तभी पत्नी और तीनों बच्चे-बच्चियाँ पास आ जाते। जिंदगी फिर लंबी छाया की तरह बढ़ने लगती।

दो

और उसके बाद दबाव बढ़ने लगा। हर बार छप्पर की मरम्मत को अगली बरसात के लिए छोड़ दिया जाए, तो वह कब तक पानी रोक सकता है ? डिस्ट्रिक्ट बोर्ड के स्कूलों के मास्टरों ने जिले-भर में हड़ताल कर दी। उनके हिचकते हुए दिलों ने बड़ी हिम्मत के साथ बहुत पसोपेश के बाद यह तय किया कि बिना हड़ताल के अब कोई नतीजा नहीं निकलेगा। बेंत भी बिना

भीगे नहीं फूलता। बाँस की पोल में पानी डालने से वह कभी टिकता नहीं, दूसरी तरफ से बह जाता है। जगह-जगह जुलूस निकाले गए। जिले-भर के मास्टर आकर बड़े शहर में इकट्ठे हुए।

उनके जुलूसों के साथ सी. आई. डी. वाले चलते। पुलिस के सिपाही चलते। मास्टर कैसा भी देहाती और गरीब क्यों न हो, लेकिन उसमें एक बाबूपन होता है। शहर में बड़ी-बड़ी लारियों में फौजों को इधर से उधर जाते देखते। मास्टर लोग काँपते हृदय से देखकर अनुभव करते, जैसे ये सब उनके अपने लोग नहीं हैं। मगर फिर विचार आता कि वह सब लोग भी तो गरीब ही हैं। इन्हें ही ऐसा क्या मिल जाता है ? इनकी परिस्थिति में क्या उतनी ही भयानक मजबूरी नहीं है ? फिर उनसे अलगाव क्यों लगता है ?

जब उनका जुलूस शहर में से गुजरा, तो पुराने बुजुर्गों के मुँह झुके हुए थे। उन्हें जैसे यह काम अच्छा नहीं लगता था कि पढ़े-लिखे लोग हाथ में बड़े-बड़े पोस्टर लिए इधर-उधर घूमा करें। नारे लगाते फिरें। और वह भी किसलिए ? कि हम भूखे हैं! महँगाई बहुत भयानक है! नई सरकार बनी है, हमें खाने को क्यों नहीं मिलता ? थे, गरीब थे। पर आज तक सिर नहीं झुकाया था। आज तक उनकी हर जगह इज्ज़त हुई है। किसानों, मजदूरों और पटवारियों ने सदा पहले राम-राम की है। गाँव के जमींदार, डाक्टर, तहसीलदार, सब उन्हें कुर्सी देकर बिठाते थे। वे कहीं नीचे तबके के लोगों में नहीं गिने गए। उनके पढ़ाए हुओं में कितनों ही को अच्छी जगहें भी मिल चुकी हैं। कचहरी के पचासों मुंशी उनकी शागिर्दी से निकले हैं।

नए मास्टर कहते हैं, यह सिर झुकाना नहीं है, यह सचाई की पुकार है। जब मंत्रियों की तनख्वाह सरकार बनते ही इतनी जल्दी तय हो गई, तो उन्हीं को क्यों भुलाया जा रहा है ? क्या वे काम नहीं करते ? दुनिया आगे बढ़ी जा रही है। मजदूर, किसान, सब अपने लिए संगठन करते हैं। वे स्वयं क्यों न करें। वे तो बेचारे बेपढ़े-लिखे हैं; हमें तो यह कठिनाई भी नहीं।

आखिर 'इन्स्पेक्टर ऑफ एज्युकेशन' के दफ्तर पर जाकर सब इकट्ठा हुए। दिन-भर बाहर बैठे रहे। एक 'डेप्यूटेशन' जाकर मिला। सब शिकायतें नोट कर ली गईं और जल्दी ही उन पर ध्यान देने का आश्वासन भी दिया गया। पर यह भी कहा गया कि अचानक ही 15 अगस्त के बाद यह भूख इतनी तेज कैसे हो गई ? अंग्रेज़ी ज़माने के अफसर थे। उनके '15 अगस्त' का मतलब था कि जो जैसा है, वैसा ही बना रहे। पर शहर के बाबुओं में एक हमदर्दी थी। वे कहते जरूर, क्या इनके पेट नहीं है ? सारे गाँवों और

बच्चों का दारोमदार इन पर ही है। नए हिंदुस्तान की फसल के किसान यही तो हैं। इन्हें क्यों छोड़ा जाए ?

दूसरे दिन शहर के दैनिक पत्र में निकला—मास्टरों को शांति से काम लेना चाहिए। उन्हें किसान-मजदूरों-सा यह हुल्लड़ अच्छा नहीं लगता। फिर साथ ही आश्वासन दिया गया था, उनके दुख-दर्द के साथ सहानुभूति दिखाई गई थी। मतलब यह था कि थर्ड क्लास का टिकट स्टेशन पर दे दिया गया था। डिब्बे में खचाखच भीड़ है, इसलिए सरकार जिम्मेदार नहीं! लेकिन घबराओ नहीं, हरी झंडी से चिढ़ो मत। कल फिर रेल आय, तब अपनी किस्मत आजमाना। और मास्टर लोग वह गीत गाते हुए फिर चल पड़े, जो स्काउटों के लिए 'धीरज का मंत्र' बनाकर गाया गया था। इसी मंत्र को उन्होंने आज तक गाया था, इसी को उनके बाप-दादों ने गाया था। मानो यह एक रेल की ढली-ढलाई पटरी थी, जिस पर बड़े-बड़े डिब्बे भागते हैं। पैदल इस पर नहीं जा सकता। इसके दोनों तरफ कंकड़-मिट्टी पड़ी है। कहाँ जाओगे ? कहीं रास्ता नहीं है।

मास्टर साहब लौट आए। गाँव खामोश पड़ा था। कुछ लोगों ने आकर पूछा भी, मगर मजबूरी से सिर हिलाकर चुपचाप चले गए। बोहरा तो जो ब्याज लेगा, वह लेगा ही। इसमें रोने-धोने की क्या गुंजाइश ? शाम की धूल उड़ने लगी। बैलों की पीठ पर हाथ रखे, पीछे-पीछे बातें करते, नंगे बदन, ऊँची धोती पहने किसान घरों की ओर चल पड़े। ओवरी में खड़ी घूँघट में से उनकी पत्नी उनकी राह देख रही थी। वे खाट पर जाकर बैठ गए। मौन। किंतु कुसुम की आँखों ने आँसू की डबडबाहट से काँपती पलकों में जिंदगी का पानी भींचकर पूछ ही लिया—"क्या हुआ ?"

मास्टर साहब का मन किया कि कह दें, वे हारकर आ गए थे। पर उन्होंने कहा—"भगवान कुछ-न-कुछ तो करेगा ही!"

कुसुम सबकुछ समझ गई। उसने उनकी टोपी और जूता उठा लिया और भीतर टाँगने चली। मास्टर साहब का सिर झुक गया। उन्होंने देखा, वही चक्र, वही परंपरा। "पानी देना शांति की माँ"—उन्होंने धीरे से कहा और खाट पर लेट गए। उन्हें लगा कि वे काफी थक गए थे।

तीन

हड़ताल टूट गई। आखिर कब तक जोश चलता ? हड़ताल एक बीमारी है। पहले लगता है, शरीर में बल आ गया है, पर आदमी ज्यादा दिन निकलते

जाने के साथ कमजोर होता जाता है। हड़ताल तोड़ने की दो तरकीबें हैं, या तो संगठन तोड़ो या लंबी खींच दो। अब हड़ताल के दिनों की तनख्वाह कटेगी या नहीं ? सबके दिमाग में आया हुआ प्रश्न सुनकर मास्टर साहब चौंक उठे। जिंदगी में बगावत के पहलू से भी भयंकर है बगावत की हार का पहलू, जो उतना ही आवश्यक है, जितना जीत का दृढ़ विश्वास। 'कोई भी लहर'—मास्टर साहब ने मन-ही-मन कहा—'पहली चपेट में चट्टान को तोड़ नहीं सकती'। पर यह आदर्शवाद था। पुराने जमाने में गुरु जंगलों में रहते थे। आजकल उनमें त्याग की भावना नहीं है। पहले गुरुओं को त्याग करने की सामर्थ्य थी, क्योंकि उन्हें तब बहुत मिलता था।

उन्होंने बच्ची के सिर पर स्नेह से हाथ फेरा। छोटी-सी वह कमला। माँ ने नई डिजाइन की जंफर फ्रॉक सी दी है। गाँव की अन्य बच्चियाँ कुर्त्ती पहनती हैं, या महेरी खा-खाकर तूंबी-जैसा पेट लिए नंगी फिरती हैं। कमला धूल में लथपथ थी।

गाँव के छोटे पुस्तकालय में जाकर मास्टर साहब ने एक साप्ताहिक पत्र उठा लिया। उसमें उन्होंने एक लेख का शीर्षक पढ़ा—'रूस में शिक्षा'! पढ़कर समझे, रूस में सिर्फ या तो मजाक होते हैं, या सिर्फ झूठी खबरें फैलाई जाती हैं। वहाँ मास्टर मस्त रहता है, खाता है, पीता है, तब काम भी डटकर करता है। कुछ भी समझ में नहीं आया। वे उठ खड़े हुए।

चलते-चलते उनका मन कचोट उठा। क्यों ? क्या वे सदैव ऐसे ही गरीब रहेंगे ? उन्हें प्रश्न का उत्तर नहीं मिला। सामने देखा, जान-पहचान के लोग उन्हें राम-राम पालागन कहते हुए चले जा रहे हैं। मास्टर साहब मशीन की तरह रहे। उनको आज ऐसा लगा, मानो वे सबसे कमजोर थे, सबसे हीन थे। या तो सिर न उठाय, या उठाय तो फिर झुकाय नहीं।

कचहरी के अमलों में मुंशीजी दबदबे के आदमी थे। उन्होंने मिलते ही कहा—"मास्टर साहब, अब तो आप भी क्रांतिकारी हो गए!"

मुंशीजी की बात से लगा, जैसे उसमें अपमान का कसैलापन था। मास्टर साहब का मन किया कि चुपचाप हँसकर टाल दें। पर सहा नहीं गया। उन्होंने कहा—"क्या करें मुंशीजी, जनम-भर इसी तरह गुजार दी। बहुत लड़कों पर सख्ती की, तो क्या मिल गया! जिनके लड़के हमारे यहाँ पढ़ते हैं, उन्हीं के पास कौन दौलत है ?"

"क्या बात कहते हैं, मास्टर साहब!" मुंशीजी ने मूँछों में से कहा—"गहना गढ़ाते हैं, कर्ज चुका दिया, रोज मुकदमा लड़ने आते हैं। अरे साहब, किसानों

को ही तो मिलता है, और क्या हम पाते हैं ?"

"आपको क्या कमी है, मुंशीजी ? अब आप तो सफेद गाँधी टोपी लगाने लगे हैं। हमारे पास तो जो थी, वह पुरानी और मैली हो चली। हाँ, गाँववाले खाते हैं। पर कितने दिनों की बहार है ? खैर, हमें औरों से क्या ? पेशा ही ऐसा है, जिसमें चाहें तो भी दूसरों से नहीं ले सकते। आपको भगवान ने ओहदा दिया है, ऊँची जगह दी है, दस आदमियों का काम आपसे निकलता है। क्यों न हो ? आखिर अफसर अफसर है। और हम क्या हैं ? हम तो धोबी के कुत्ते हैं—न घर के न घाट के।"

उनके स्वर में कड़वापन था। तभी मुंशीजी ने ताना मारते हुए मुस्कराकर कहा—"तो फिर आप भी उन्हीं में मिल गए ?"

मास्टर साहब ने मुश्किल से खून का घूँट पी लिया। सँभलकर बोले—'मिलें नहीं, तो क्या करें ? आप लोगों की ओर जब तक बढ़े, तब ही क्या मिला ? तो फिर उन्हीं में क्यों न जा मिलें, जिनकी हैसियत असल में अपनी-जैसी ही है ? भाई, हमसे किसी का काम निकलता होता, तो आँख के अंधे और गाँठ के पूरे, हमारी अंटी में भी कुछ भर ही जाते। पर अपनी झोली तो जब पलटी, दिन-भर की जमा हुई धूल ही बाहर गिरी। मरता क्या न करता !"

मास्टर साहब कहते तो कह गए, फिर लगा, मानो हृदय हल्का हो गया है। सचमुच वे किसको पढ़ाते थे ? उन्हीं गरीब किसानों, आधे किसान, आधे मजूर और गाँव के नीचे तबके के लोगों को जिनमें जिंदगी की कशिश ही बिखर गई है। फिर वे उनसे दूर कहाँ हैं ? क्यों वे अपने को गाँव के बड़े लोगों में समझते रहें ? इस झूठे सम्मान से उन्हें क्या मिलता है ? क्यों वे इतने मूर्ख थे कि लोग उन्हें छल रहे थे और वे इसमें अपना गौरव समझते थे ?

चार

उत्साह से मास्टर साहब ने पाठशाला खोली। स्वयं ही जहाँ-जहाँ धूल जम गई थी, कपड़े से साफ की। आज उन्होंने इस बात का भी इंतजार नहीं किया कि लड़के आएँ और वे उन्हें हुक्म दें। जब सबकी जिंदगी तबाह है, और बड़े होकर इन लड़कों को भी तबाही के कोल्हू में बैल की तरह पिसना है, तब उन्हें बचपन में जो दो दिन का सुख मिलता है, उसे भी वे उनसे क्यों छीन लें !

धीरे-धीरे वक्त पर घंटी बजने लगी। एक रेल की पटरी का टुकड़ा लोहे की एक बड़ी कील से बजा दिया जाता था। कुछ देर बच्चे बाहर शोर करते रहे। मास्टर साहब सुनते रहे। फिर बच्चे आकर बैठ गए। उन्होंने देखा, सब छोटे-छोटे, सबके मुँह पर एक निर्मल छाया। लेकिन आँखों में चमक नहीं दिखाई देती। शहर के लड़कों की शरारत में हुड़दंग होता है, वह इनमें नहीं दिखता। उन्होंने हाजिरी ली। एक-एक नाम पढ़ा। उत्तर में 'हाजिर साब' सुनते गए। जो नहीं आए थे, उनकी गैरहाजिरी लगाकर उन्होंने रजिस्टर बंद कर दिया। फिर वे धीरे से उठे। कक्षा में चुपचाप बैठे लड़के रोज की तरह सहमे हुए बैठे थे। मास्टर साहब ने धीरे-धीरे कहना शुरू किया—"आज बहुत दिन बाद स्कूल खुला है। इम्तहान बहुत दूर नहीं है। तुम्हारी पढ़ाई में हर्ज हुआ है। अब खूब मन लगाकर पढ़ो। पढ़ने को अपने ऊपर लगान मत समझो। पढ़ने से अक्ल आती है। देखो, तुम्हारे यहाँ अब कंपोस्ट खाद बन रहा है या नहीं ?"

"जी हाँ !"—सबने कहा—"कहते हैं, बड़ी अच्छी चीज है !"

"हाँ बेटा, बहुत अच्छी चीज है। लेकिन यह काम पढ़े-लिखे लोग जानते हैं। उनसे जरूर सीखो !"

उन्होंने देखा, बच्चों को लग रहा था, जैसे आज कोई नई बात हो गई है। उन्होंने एक-दूसरे की ओर विस्मय से देखा। फिर कुछ ऐसा लगा, जैसे वे कुछ पूछना चाहते थे। पर किसी में भी साहस नहीं हुआ।

मास्टर साहब ने फिर कहा—"तुम लोग कंपोस्ट बनाने में मदद देते हो न ?"

"देते हैं",—लड़कों ने फिर कहा—"कहते हैं फसल बहुत अच्छी होती है उससे ?"

मास्टर साहब को सुख हुआ। लेकिन उन्होंने सोचा, क्या केवल कंपोस्ट खाद से ही जिंदगी की खेती भी सुधर सकती है ? यह जो मनुष्य, जमींदार, गाँवों में ऊसर पड़े हैं, इन्हें कब जीता जायगा, कब यह परती भी किसानों के हल से जुतेगी ? काश, ये लोग भी काम करते ! आज वह चिड़चिड़ापन न जाने कहाँ चला गया था। आज उन्हें वे बच्चे सिर-दर्द नहीं मालूम देते थे। कल तक वे बात-बात पर कहते थे—"क्यों तुम मेरा खून सुखाने को पैदा हो गए हो, कमबख्तो !" लड़के उनसे डरते थे। अकेले में गालियाँ देते थे। उनकी नीरसता से लड़कों की रूह काँपती थी। आज वह सबकुछ नहीं। आज वह अविश्वास धीरे-धीरे मिट रहा है।

इसी समय द्वार पर तीन लड़के दिखाई दिए। उनके चेहरे डर के मारे पीले पड़ गए थे। वे समझ रहे थे कि जाते ही डाँट लगेगी या कान मले जाएँगे। पर कुछ नहीं हुआ। मास्टर ने उनकी ओर ऐसे देखा, जैसे अलाव की आग अपने आपमें भयानक होते हुए भी राह चलते को ठंड में हाथ सेंकने को अपनी ओर आकर्षित करती है। मास्टर साहब ने सिर उठाकर इशारा किया। तीनों भीतर घुस आए। आज इन लड़कों की देरी से भी उन्हें गुस्सा नहीं आया। मास्टर साहब को अपनी ओर आता देखकर उनका दिल भीतर-भीतर बैठने लगा। लेकिन मास्टर साहब की आँखों में यद्यपि नानी की आँखोंवाला दुलार न था; वह लाड़ न था, जो बिगाड़ता है; फिर भी पिता या काकावाला अपनापन था, जो शासन करके भी राह पर चलाना चाहता है। लड़के कुछ सकते की-सी हालत में खड़े रहे। दर्जे के बाकी लड़के चुपचाप आनेवाली विपत्ति की आशा कर रहे थे।

"कहाँ गया था रे ?" मास्टर साहब ने उनमें से एक लड़के से पूछा।

हलवाई के नौकर के लड़के ने कहा—"सहर गया था, मास्टरजी!" उसकी आवाज काँप रही थी। उसे मार खाने का डर लग रहा था।

"क्यों गया था ?"—उन्होंने फिर पूछा।

"मेरा बाप सहर ले गया था।"

"बाप नहीं, बेवकूफ"—मास्टर साहब ने कहा—"दादा, काका या पिता कहो, समझे ? खुद अपने बाप को बाप नहीं कहा करते।"

लड़के ने फिर कहा—"दादा की मीटिंग थी, सब हलवाइयों के नौकरों की। छुट्टी के दिन मिलने की राय हुई थी। मैं पढ़ा-लिखा था, इसीलिए ले गए थे।"

मास्टर साहब मुस्करा दिए। पढ़ा-लिखा उस्ताद खड़ा था सामने और तभी दूसरे लड़के ने मुँह लटकाकर कहा—"काका का पता नहीं है। पुलिस ने घर आकर तलाशी ली थी। पूछते थे, कहाँ भाग गया है ? मजदूरी करता है कि नेता बनने चला है ? हड़ताल करना चाहता था ···"

लंबी कहानी थी। मास्टर साहब ने काटकर कहा—"फिर ?"

"पता नहीं, कहीं पुलिस से छिप गए हैं। जाने क्या होगा ?"

इसके स्वर में दहशत थी। उसने अंत में कहा—"उन्हीं को ढूँढ़ने गया था मैं। अम्मा ने भेजा था।"

"अम्मा से कहना"—मास्टर साहब ने कहा—"डरें नहीं।"

और वे हठात् चुप हो गए। तीसरा कुछ कहना चाहता था। उसके होंठ

फड़क रहे थे। पर मास्टर साहब उसे भूल गए थे। उनके दिमाग में कुछ और था। वह लड़का चुप ही रहा। मास्टर साहब ने कहा—"अच्छा बेटो, बैठ जाओ।"

फिर उन्होंने लड़कों के मुखों की ओर देखा। उन्होंने अनुभव किया कि सबके मुख पर एक अपूर्व विस्मय था। मास्टर साहब को बहुत अच्छा लगा। आज सब लड़के उनकी ओर स्नेह से देख रहे थे—जैसे वे पहले की तरह आज उनसे डरते नहीं। जैसे मास्टर किसी बाहरी लादी गई मशीन का औजार नहीं, वरन् वह उनके अपने खेतों की फसल की तरह ही अपना है। मास्टर साहब ने यह सब जल्दी-जल्दी सोच डाला। लड़के केवल उनके परिवर्तन को कुछ-कुछ महसूस कर रहे थे। वे सब बैठ गए। उन्होंने मास्टर साहब के मुँह पर एक चमक देखी, पर साथ ही एक उदासी भी देखी। मास्टर साहब को लग रहा था कि उन लोगों की गिरफ्तारी हो सकती है। फिर उनका बोझ, उनकी जिंदगी की जिम्मेदारी मास्टर साहब पर आ पड़ेगी। और इस विचार ने उन्हें यह चेतना दी कि उनमें कुछ शक्ति थी। वे कुछ जिंदे थे। वे कम-से-कम खुलेआम न सही, चुपचाप तो उन लड़कों को बता सकेंगे कि उनके बड़े क्यों गिरफ्तार होंगे। उन्होंने कहा—"खूब मन लगाकर पढ़ो। पढ़ने से जिंदगी सँभलती है। इसे बाहरी बोझ न समझो।"

तभी तीसरे लड़के ने उठकर कहा—"जरूर पढ़ूँगा, मास्टर साहब!"

मास्टर चौंक उठे। लड़का कहता गया—"चाचा को गिरफ्तार कर लिया है! आप तो उन बाबू को पहचानते हैं—वे, जिनका रंग गोरा है। वे और चाचा दोनों पकड़ लिए गए। मैं कल इतवार को जानेवाला था, पर आज मुलाकात हुई। जेल के नौकरों ने कहा था—आज कपड़े दे जाना। सो हम गए। बाबू को तो 'बी' क्लास मिला है! वे बी. ए. पास थे न, तो उन्हें तो कुछ आराम हो जाएगा। पर हमारे चाचा को पहले तो मामूली कैदी की तरह रखा गया। तब बाबू ने उनके साथ भूख-हड़ताल की। अब उनको 'सी' क्लास मिल गया है। जेल की रोटी में मास्टर साहब, रेत बहुत होती है, सो खाते में किसकिसाती है। कहते हैं—'तू किसान था। वहीं कौन अच्छा खाता था? यहाँ तो मुफ्त की तोड़ेगा बैठा-बैठा!' अगर मैं पढ़कर बी. ए. पास हो जाऊँगा, तो फिर मुझे भी 'बी' क्लास में रखा जायगा; · · · क्यों, मास्टर साहब?"

मास्टर साहब ने सबकुछ सुना। उन्हें लगा जैसे जमीन फट जाएगी। लड़के की निर्मल आँखें अपने प्रश्न का उत्तर चाहती थीं।

[नया समाज, जुलाई '48]

तबेले का धुँधलका

जब हमको कहीं भी मकान नहीं मिला, तब सब लाचार होकर एक-दूसरे का मुँह देखने लगे।

"गए थे ?" मेरी स्त्री पूछती।

"गया था। सब तरह की कोशिश की; लेकिन कोई सुनता ही नहीं। यह लोग अपने को हिंदू कहते हैं ?" मैंने गुस्से से अपने होंठ काट लिए।

"क्या किया जाए ?" बहिन पूछती।

"जहर खा ले!" मैंने तड़पकर उत्तर दिया।

उसके बाद स्टेशन के बाहर जो पेड़ों के नीचे का साया था, हम उसी में अपने चीथड़ों में जाकर सो रहते। सोते तो क्या; हाँ, पड़े रहते।

कितने दिन हुए। उस सबको मैं भूल जाना चाहता हूँ। जिसके पास जाता हूँ वही टाल बताता है। जिसके पास ताकत या पैसा है उसके पास दिल नहीं है; जिनके पास दिल है, वे हमारी तरह शरणार्थी नहीं होते हुए भी कुछ ताकत नहीं रखते।

घर की परेशानी बढ़ती चली गई। आखिर कब तक इस तरह पेड़ों के नीचे काट सकते हैं। हमसे तो ये कंजर अच्छे हैं, जिनके पास तंबू तो है। हमारे पास तो वह भी नहीं। बच्चा सूखकर काँटा हो गया है। उसकी शायद तिल्ली बढ़ आई है। माँ देखती है तो रोती है। कुछ ईंटें बटोरकर एक चूल्हा बना लिया है। उसी पर बच्चे की माँ खाना बना लेती है। मैं मेहनत-मजदूरी करता हूँ। जो मिलता है उसी से काम चल जाता है।

जहाँ मैं थककर बैठता हूँ, वहाँ बहुत से मुझ जैसे ही गंदे मजदूर बैठते हैं। शहर में सनसनी है। हिंदू-मुसलिम दंगे का खतरा है। मुझसे रोज हमीद पूछता है—"कहाँ जाएँ!"

"पाकिस्तान जाओ, पाकिस्तान!"

"वहाँ क्या मिलेगा ?" उसकी आवाज काँपती है।

"जो हमें यहाँ मिल रहा है।"

हमीद चुप होकर चला गया। मैं सोचता हूँ, क्या यह मैंने ठीक जवाब दिया है। पर मैं ज्यादा नहीं सोच पाता।

घर · · ·।

सिर पर छत · · ·।

एक आसरा · · ·।

बच्चा रो रहा है। कम्बख्त को कुछ समझ नहीं। माँ उसे चुपचुपाती है, चुमकारती है। आखिर वह सोने लगता है।

मैंने कहा—"पगड़ी माँगते हैं। जैसे सबके सिर नंगे हो गए हैं।"

"कितनी ?"

"पाँच सौ, तीन सौ · · ·।"

बहिन चुप। अब के स्त्री—'वैसे कोई ज्यादा किराए पर दे दे तो · · ·।"

"ऐसा रहमदिल कोई नहीं।"

"पेड़ के नीचे ही रहेंगे।" बहिन कह उठी।

स्त्री ने विरोध किया—"जाड़ों में ?"

बच्चा फिर रो उठता है। मैं खीझ उठता हूँ। क्यों ? यह मेरी मौत देखकर मानेगा !

बहिन उसे चुप करा लेती है। फिर बातें होती हैं।

"अगर मालूम होता तो क्यों आते ?"

"अब तो लौट नहीं सकते।" मेरे स्वर की ऊब से वे काँप उठती हैं।

बहिन कहती है—"आदमी आदमी नहीं रहे। किसी शरणार्थी से ही क्यों नहीं कहते ?"

"वे अपने बोझ से मर रहे हैं।"

"नई इमारतें बन रही हैं ?"

"हूँ।"

फिर रात की सनसनाहट। स्त्री फैलकर लेटकर बच्चे को दूध पिलाती है। सोचते-सोचते अब मेरा सिर दुखने लगा है।

स्त्री, बहिन, बच्चा सो गए हैं। आसमान में तारे बिखर गए हैं—असंख्य। शहर की बत्तियाँ बुझ गईं। केवल कहीं-कहीं कुत्ते भौंक उठते हैं। मैं झपकने लगा हूँ।

जब मैं करवट बदलकर उठा, तब चूल्हे में से धुआँ उठ रहा था। मैंने देखा, भोर हो गई। रेल की पटरियों के पास पड़ा पिसा-सा कोयला और

उसमें खड़े काले-काले मजदूर दिखाई देने लगे। वे कुदालें लिए कुछ खोद रहे थे।

मैं उठकर पुल के नीचे जा बैठा। यहाँ सदैव इक्के-ताँगों का आना-जाना लगा रहता। पुल के ऊपर से भयानक चिंघाट करती हुई रेल गुजरती थी। पुल पक्की ईंटों का बना था। दोनों दीवारों से सटकर बहुत-से फलवाले, और छोटे-छोटे खोम्चेवाले बैठते थे। उनकी 'हाय-हाय' से ऐसा लगता, जैसे वह कोई रेल का स्टेशन हो। उन्हीं दीवारों के पास बाहर जरा-सी जमीन खुली पड़ी थी। फकीरों से वह जगह घिरी रहती। फटेहाल गंदे भिखारियों की भीड़ को देखकर मेरा भी मन दहल जाता था। कितने गरीब, कितने नंगे और हारे हुए लोग थे। सच, इनके मुकाबले में हम कितने अच्छे हैं। वे हाथ उठाकर पड़े रहते। या फिर इधर-उधर चलते राहगीरों के पीछे-पीछे भागा करते। उन्हीं में से एक कंजरिया थी जो रात को वहीं सो जाती। एक बाबा उसे अपने पास से खिलाया करता था। सब उसे छेड़ते। पर कोई बुरी बात नहीं थी। मैं भी उससे नफरत करता था, क्योंकि इधर कुछ दिन से बाबा किसी भयानक बीमारी के कारण चिल्लाया करता था। पर उस पर अब सबने ध्यान देना छोड़ दिया था।

बातों-ही-बातों में जब मैं अपना दुखड़ा ले बैठा, तो एक मक्खन-टिकिया के पेड़े बेचनेवाले ने कहा—"क्यों, तुम्हारे पास पैसा नहीं ? तुम कांग्रेस में भरती क्यों नहीं हो जाते ?"

"हो जाऊँगा। फिर मकान मिल जाएगा ?"

मुझे उत्तर नहीं मिला। और फिर मुझे याद आया। शरणार्थियों की कमेटी में मंत्री हैं। कौन हैं ? खैर, मैं उन जूतों की बड़ी दुकानवाले कांग्रेस नेता से मिला था। उन्होंने कहा था—"तुम शरणार्थी नहीं पुरुषार्थी हो।"

मैं पुरुषार्थी हूँ! जिसके सिर पर छत नहीं, पेट में दाना नहीं।

"अमाँ तुम!" एक आवाज सुनाई दी—"समझते हो यहाँ कुछ तसल्ली मिलेगी ? नहीं, भाई नहीं, काम करो, खाओ। मुसीबत किस पर नहीं पड़ी ?"

"तुम्हारे भी बीस मकान थे ?" किसी ने व्यंग्य किया, "सभी पंजाबी शरणार्थी वहाँ लखपति थे। गरीब तो मिलता ही नहीं।"

"ठीक कहा भाई, ठीक कहा। हम तो वहाँ भी गरीब थे। यहाँ बैठे जो चाहे कह लो, क्या है, तुम पर भी जब मुसीबत आती न तब मालूम पड़ती।" ठेलेवाला पंजाबी हँसा। उसके स्वर में तिक्त क्रोध था।

"तो फिर भाई", नारंगीवाला बोला—"वहाँ जैसे थे यहाँ भी रहो। हमें कौन आराम है ? महँगाई ने पीस रखा है। हमारा ही दिल जानता है। बच्चे माँगते हैं, हम कुछ नहीं दे पाते।"

उसने निराशा से सिर हिलाया। फिर कहा—"गरीब तो भाई गरीब ही रहेगा।"

पंजाबी ठेला एक ओर ठेलकर हँसा। उसने साबुन एक हाथ से जमा करते कहा—"तो फिर मरेंगे।"

मैं सुनता रहा।

"अब मेहनत-मजदूरी के दिन नहीं रहे", किसी ने हँसकर कहा—"ब्लैक का जमाना है।"

"सेठों की चढ़ बनी है। आजाद हो गए हैं।"

मैं सुन रहा हूँ। स्वरों में आक्रोश है।

"सालों की चरबी कैसी बढ़ गई है। पुलिस भी उनके ही · · ·"

"रिश्वत का जोर है भाई!"

"आजादी है भाई आजादी!" पंजाबी ने अंतिम चोट की और अब ठेला आगे बढ़ गया था। पंजाबी का लंबा शरीर भीड़ में मिल गया। अब खोम्चेवालों की आवाजें गूँज रही हैं सब तरफ। रोटी बन गई होगी, मुझे भूख लग गई है।

मैं चुपचाप लौटकर आ गया।

खाना खाने लगा। बहिन ने कहा—"भइया, अब यों कितने दिन चलेगा ?"

"मैं ही तो मकान नहीं ढूँढ़ता।"

"तुम तो बस चिढ़ जाते हो।"

"ढोल बजाकर मकान मिल जाएगा ?"

मैंने निश्चय कर लिया, कल से मैं भी एक ठेला लगाऊँगा।

खाना खाकर मैं फिर चल पड़ा। स्त्री ने टोका—"अब तुम फिर जा रहे हो ?"

"कुछ काम देखूँगा।"

"आज दिन ठीक नहीं है, दंगा हो सकता है।" उसने डरते हुए कहा।

मैं क्षण-भर चुप रहा। फिर कहा—"अब और क्या होना रह गया है ?"

वह चुप हो गई। मैं चल दिया।

शहर तिरंगे से लद गया है। चारों ओर सुंदर-सुंदर झंडे लटक रहे हैं। बिना भेद-भाव के सब जगह छा गए हैं। पंद्रह अगस्त का दिन आ गया है। सब लोग भाग रहे हैं। एक हिंदुओं की भीड़ टूटकर मुसलमानों पर हमला कर रही है। पुलिस के सिपाही खड़े हैं। मैं चाहता हूँ कि इन लुटेरों में मैं मिल जाऊँ। पर अगर मारा गया तो ? बीबी-बच्चा ···· बहिन ? ठीक है, पहले लड़ाई हो लेने दो। फिर लूट में जो मिलेगा, उसी को लेकर भाग जाऊँगा।

जुलूस निकल रहा है। कितने सफेद टोपीवाले जा रहे हैं। अधिकतर मोटे-मोटे लाला हैं, दुकानदार। इनकी गर्दनें गर्व से कैसी टेढ़ी हो गई हैं। मुझे देखकर घिन हो रही है। मुझे अपने गंदे कपड़ों पर शर्म आ रही है। शहर में लूट हो रही है। मैं भी भाग चला। लेकिन हठात् ठिठक गया। गोली चलने की आवाज आ रही थी। भयानक ठाँय! ठ्ठाँय! फिर एक गूँज!

मैं डरकर लौट चला। कहीं मुझे भी गोली न मार दी जाय। गोली चल रही है। क्यों ? आज आजादी का दिन है न ?

मुसलमान परेशान हैं। कहाँ जाएँ ? क्या करें ?

मैं जब मुसलमानों के मुहल्ले के चौराहे पर पहुँचा, सारी सड़क सुनसान पड़ी थी। सड़क पर फौजी ही खड़े थे। उनके भारी बूटों की आवाज आ रही थी, और कुछ नहीं। बंदूकों की नलियाँ चमक रही थीं।

किले के बाहर जो बहुत-से तंबू पड़े थे, उनमें एक सरकस था। उस सरकस की एक औरत को वह भीड़ पकड़ ले गई है क्योंकि वह मुसलमान थी। वह गजब की औरत थी। शेर की पीठ पर पाँव रखकर खड़ी हो जाती थी और हाथियों पर नाचती थी। लोग कहते हैं, उन्होंने उसे बेइज्जत करके मार डाला। मुझे अच्छा लगता है, पर मैं इस ख्याल से काँपता क्यों हूँ ? मुझे किस बात का डर लग रहा है ?

जब मैं हाँफता हुआ पेड़ के नीचे पहुँचा, पत्नी सन्नाटे में डरी हुई बैठी थी। बहिन बच्चे को लिए लेटी थी। दूर से देखा। सरकस को हिंदू मैंनेजर बड़ी कोशिश से भी नहीं बचा सका। वहाँ एक लुटी हुई दुनिया थी। चारों तरफ हवा सनसना रही थी।

बहिन कह उठी—"कहाँ गए थे ?"

"लूट में गया था।"

"क्या लाए ?"

"वहाँ गोली चल रही थी।"

स्त्री के कान खड़े हो गए।

लेकिन मैं काँप रहा हूँ। वह तीखी आवाज में कह रही है—"तुम गुंडे हो!"

"मैं ?" मैंने अचकचाकर पूछा।

"हाँ। लूट कौन करता है ?" वह मेरे निकट आ गई। उसने मेरे को पकड़कर कहा—"जानते हो, तुम्हारी बहिन को आज हिंदू उठा ले जाते!"

"क्यों ?" मेरी आँखें फटी रह गईं।

"वे इसे मुसलमान समझे। पाजामा पहने थी। फिर मैं चिल्लाने लगी। तब एक ने कहा—छोड़ो, यह तो सिंधी शरणार्थी है!"

तभी एक पुलिस का सिपाही आ खड़ा हुआ। वह बड़ा मजबूत था। मैं उसे देखकर छोटा हो गया। उसको देखकर एक और आदमी समीप आ गया। उसने कहा—"क्या बात है, जमादार ?"

"देखो सालों को", सिपाही ने कहा—"सब जगह कर्फ्यू लगा है और जनाब को देखो, मजे से औरतें लिए बैठे हैं!" वह हँसा।

मैंने चिल्लाकर कहा—"घर नहीं मिलता!"

"बेचारे शरणार्थी!" दूसरे उस चर्बी बढ़े आदमी ने कहा—"गरीब मालूम देते हैं!"

"अजी, सो न कहो। सबके पास माल है। ले के आए हैं!"

"यों न कहो, जमादार! जो मिला सो ही ले भागे हैं!" फिर वह आदमी मेरे परिवार पर निगाह डालकर कह उठा—"बस, ये ही लोग हैं तुम्हारे साथ, और कोई नहीं ?"

"नहीं", मेरी स्त्री ने कहा—"बाबू, और कोई नहीं। भगवान तुम्हें सबकुछ देगा, हमारी नाव किनारे लगा दो!"

"अरे तो रोती क्यों हो। सब होगा, सब होगा। यहाँ तो अपना राज है, फिर डर किसका ?"

उस आदमी की बात में हमदर्दी थी। वह कह रहा था—"अब तक इतने शरणार्थी आए हैं। उनका कुछ न कुछ इंतजाम हो गया कि नहीं? कोई सदा आफत में थोड़े ही रहता है। सबका एक बखत होता है!" वह बहिन को घूरने लगा। वह सहम गई। वह घूरता रहा। उसकी आँख में जहर था। मुझे ताज्जुब हुआ। कैसा आदमी है जो जरा भी नहीं सकुचाता। मैंने देखा, बहिन सहम गई थी। वह आदमी कहने लगा—"तो जमादार बात क्या है ?"

"बात यही है कि यहाँ तो कर्फ़्यू लग गया है। कोई रात को दो टुकड़े कर गया तो ? फिर बेटा को सपने दीखने लगेंगे। यहाँ जम गया है, जैसे

यह कोई मकान हो।" आदमी हँस पड़ा और वह सिपाही कह रहा था—"उठो, उठो यहाँ से। चलो उठो, भागो।"

"तो कहाँ जाएँ ?" स्त्री ने चिल्लाकर कहा।

सिपाही ने फोश गाली दी। मुझे लगा मेरी नसें फट जाएँगी।

"ऐ ऐ", मैंने हाथ उठाकर कहा—"कैसे बोलते हो ?",

सिपाही ने कहा—"साले, चमड़ी उधेड़ दूँगा अभी। ले जा इन कुतियों को। आजकल कुत्ते बहुत हो गए हैं···।"

वह हँसा। उस आदमी ने कहा—"चलो मेरे साथ।"

हम उठकर उस आदमी के पीछे-पीछे चलने लगे। मेरा मन कह रहा था कि उस सिपाही के सिर पर कस के एक पत्थर मार दूँ और भाग जाऊँ, पर फिर स्त्री, बहिन, बच्चा···?

और वह आदमी कह रहा था—"सिपाही सब ऐसे ही होते हैं। बात यह है कि सरकार ने इन्हें छूट दे दी है। देनी पड़ती है, भाई, वर्ना लोग क्या मानेंगे ? तुम बुरा न मानना···।"

मैं चुपचाप चलता रहा। किसी ने भी कुछ नहीं कहा। फिर हम सड़क की गलियों में चलने लगे।

किसी ने कहा—"रागो भैए, रंग है।"

हमारे साथ का आदमी दया से कहने लगा—"बेचारे सताए हुए हैं···।"

जिस जगह उसने हमें खड़ा किया, वह एक तंग-सी जगह थी। एक तरफ मकानों की ऊँची-ऊँची दीवारें थीं। सब पर तिरंगे झंडे लटके हुए थे। फिर भी मुझे और कोई चमक दिखाई नहीं दी, जो चेहरे पर होनी चाहिए थी।

"यह तबेला है ?" मैंने पूछा—"यह ?"

"हाँ, हाँ, यही मेरे भाई", उस आदमी ने कहा—"वह देखो, सड़क के पार नल है। वहाँ से पानी मिल जाएगा।" फिर उसने मेरी बहिन की ओर देखकर कहा—"तुम चाहो तो हम अपने भीतर जो नल है न दालान में, वहाँ से इंतजाम करवा देंगे। उधर मैं ही रहता हूँ। गोदाम है न ? हाँ। वहाँ से पानी भर लेना, वहाँ भीड़ नहीं होगी। धक्कमधुक्की भी नहीं होगी···।"

स्त्री हर्ष से चीख उठी। उसकी आँखें चमक रही थीं। स्त्री घर मिलने से कितनी खुश होती है। यह न होती तो काहे को मुझे इतनी परेशानी होती। मेरा क्या, चाहे जहाँ रह लेता। इस औरत ने मुझे कितना कमजोर कर दिया है। कोई सहारा नहीं। कोई मददगार नहीं।

स्त्री ने उल्लास से कहा—"भइया, भगवान तुम्हें देगा। तुमने तो इतनी

हमें मदद दी है, इसे क्या भुलाया जा सकता है ?"

"सेठ के यहाँ नौकरी करोगे ?" उसने मुझसे पूछा।

मैंने आश्चर्य से आँखें फाड़कर देखा। फिर कहा—"मैं ठेला लगाऊँगा।"

तब उस आदमी का स्वर बदल गया। उसने तबेले की ओर देखकर कहा—"कितना रुपया दोगे ?"

"रुपया ? जो किराया हो ?"

वह मुस्कराया—"सेठ को पगड़ी और हमको मेहनताना।"

"तुम हिंदू हो ?" मैंने चौंककर पूछा।

"तो क्या तुम समझते हो पाकिस्तान में यह नहीं होता। वहाँ से भी तो मुसलमान भाग-भागकर आ रहे हैं।" उसने हँसकर कहा। और वह बात भले ही मुझसे करता हो, पर घूर रहा था मेरी बहिन को—बुरी तरह, जैसे खा जाएगा। उसकी आँखें लाल हो चली थीं। बहिन मुँह फेरकर खड़ी थी। मैंने कहा—"इधर देखो।"

पर उसने वैसे ही कहा—"इतना भी एहसान नहीं मानते ? सेठ को पगड़ी दोगे ? पाँच सौ रुपया लगेगा। समझे ?" वह कठोर हो गया था—"पाँच सौ। कल ही एक मुझसे साढ़े चार सौ कह रहा था। पर उसके बहिन नहीं थी।" फिर जैसे कुछ नहीं हुआ, वह मुड़कर बोला—"इसमें हर्ज ही क्या है ? किसी को मालूम भी नहीं होगा।"

मैं सिर पकड़कर बैठ गया। मेरी स्त्री और बच्चा सब आँखों में डोल गए। ऐसा तो सुना था कि जगह दे दी, फिर जोर-जबरन किसी तरह बाद में छिपा-चोरी काम निकाल लिया। पर यह जानवर मुझसे साफ-साफ कह रहा था। यह मेरी बहिन, जिसे मैं इतना साफ और पाक समझता था। आज यह मुझसे कह रहा है। इतनी हिम्मत क्यों की इसने, क्योंकि यह मेरी मजबूरी जानता है।

और जैसे-जैसे मेरा गुस्सा बढ़ रहा है, मुझे लगता है; मेरे हाथों की ताकत खोती जा रही है। सारी देह में झनझनाहट हो रही है और लगता है हथेलियों में खून बिल्कुल नहीं रहा है। मैं पथराई आँख से देख रहा हूँ।

हृदय फट रहा था। मेरी बहिन ! वह चुपचाप खड़ी उसे देख रही थी। उसकी आँखें फटी-सी थीं—सूखी, चमकदार। और वह आदमी निडर-सा उसे देख रहा था, जैसे उसे आँखों से निगल जाएगा।

स्त्री कभी उस आदमी को देखती, कभी अपनी नंद को, कभी मुझे और फिर उसकी दृष्टि तबेले पर जाकर अटक जाती। घृणा, आशंका, भय उसकी

आँखों में काँपकर भाग जाते और घर पर दृष्टि पड़ते ही उसकी आँखों में एक चमक आ जाती। फिर वह बहिन को विवश दृष्टि से देखने लगी, जैसे कुछ भीख माँग रही हो। बहिन ने देखा। उसका सिर झुक गया। वह मेरी स्त्री से आँख न मिला सकी। पर रोया कोई नहीं। यह मौत नहीं थी। यहाँ कुछ और ही था। पर क्या वह सचमुच कुछ था ?

और मैंने कहा—"वह नहीं !" अनजाने ही मेरी दृष्टि बहिन से हटकर अपनी स्त्री पर अटक गई। जैसे मैंने एक बदलाव पेश किया था। मैं समझता था कि स्त्री मेरी स्त्री है। उस पर मेरा अधिकार है। सच यही हुआ। स्त्री ने कोई विरोध नहीं किया। केवल मेरी ओर देखा, फिर बच्चे की ओर।

दुनिया खामोश हो गई थी। मन मिचलाने लगा। जैसे अब मैं सचमुच जमीन तोड़ दूँगा। क्या मैं पागल हूँ ?

मुझे ख्याल आ रहा है।

स्त्री ने हठात् उससे पूछा—"तुम अकेले आदमी हो ?"

"हाँ, बिल्कुल !"

"तो यहाँ रहेंगे। किराया बताओ !"

"पंद्रह रुपया तो तुम क्या दोगे। जाओ साढ़े सात ही दे देना। इससे कम नहीं होगा। पैसा तो तुम्हारे पास भी होगा !"

और शरणार्थी पैसा लेकर भागे थे लेकिन मैं तो वहाँ भी गरीब था, यहाँ भी गरीब हूँ। मैं क्यों भाग आया ?

यह मैं क्या देख रहा हूँ। अब मेरी स्त्री के चेहरे पर वह भय नहीं है। वह सुस्थिर हो गई है। मेरी बहिन उसे देखकर अब ठीक-सी लगती है। उसने आँखों से कुछ कहकर समझा देना चाहा है।

वह भी अपनी बात, असलियत और जिम्मेदारी समझती है। वह क्या तकलीफें पसंद करती हैं ? कब तक चट्टान बनी रहे ? या फिर मर जाए। मरना बहुत कठिन है। क्यों मरे ?

मरना ही होता तो घर छोड़कर भागते ? जहाँ बचपन से पले थे, जहाँ का एक-एक रास्ता याद था। यहाँ हम आदमी की शकलवाले जानवरों में घूमते हैं, जिनमें किसी को भी हम अपना नहीं कह सकते।

पर वह आदमी हँस रहा था। मैं चाहता हूँ मैं उसका खून कर दूँ। उसका गला घोंट दूँ। उन आँखों को उँगली डालकर बाहर खींच लूँ, जिनमें इतना बड़ा पाप जीवित जल रहा था और फिर उस जगह मिट्टी भर दूँ। या सदा के लिए इस आदमी का सीना फाड़कर हृदय का रक्त पी जाऊँ। नहीं, मुझे

मंजूर नहीं है। मैं कभी भी नहीं रह सकूँगा। जैसे इतने दिन भटके हैं और दो दिन सही।

कल ही से मैं भी ठेला लगाऊँगा। उसी पर सोऊँगा। उसके नीचे मेरी गिरस्ती रहेगी। पर वह ठेला खड़ा कहाँ होगा ? और कर्फ्यू के जमाने में · ·?

कांग्रेस के नेता से मिला था। वे बड़े-बड़े सवालों में अटके हैं। कश्मीर की लड़ाई है। मैं पूछने लगा—"बाबूजी, यहाँ की महँगाई तो मारे डालती है।"

उन्होंने कहा था—'फिर आना।"

मैं चला आया था।

और वह आदमी खड़ा है। बहिन उससे कुछ कह रही है, धीरे-धीरे ही। मैं नहीं जानता, बहिन ने क्या कहा है। वह आदमी चला गया है। चलते वक़्त वह खुश था। उसकी आँखें चमक रही थीं। फिर मैंने सुना—"इस तबेले के पीछे उसके सेठ उससे नाराज होंगे। यहाँ कभी-कभी गेहूँ के बोरे छिपाए जाते थे—जब पुलिस का डर था, कंट्रोल था। अब तो डर नहीं। फिर भी उनके काम की जगह है। इसके चाहे वह हजार रुपए खड़े कर ले।"

फिर जैसे एक बात बिना कहे ही समझ ली गई। घर में बहिन का भी तो फर्ज था। बहिन कह उठी—"पगड़ी नहीं देनी होगी !"

"कौन जाने ?" स्त्री ने भय से कहा कि कहीं मैं बुरा न मान जाऊँ। फिर उसने धीरे से कहा—"आखिर को जगह मिली। तुम इस जगह को सरकार से लिखवा लो।"

स्त्री नादान है। वह क्या आसान काम है ? इस सेठ के सामने।

मैं उठकर गली में आ गया। तीन आदमी बातें कर रहे हैं। मैं सुन रहा हूँ। शायद पास-पड़ोस के नौकर-चाकर हैं।

"कई आदमी मारे गए।"

"कोई गिनती नहीं।" स्वर भारी था।

'हिंदू एक नहीं मरा।"

"लेकिन दंगा तो मुसलमानों ने शुरू किया था।"

"वह क्या कोई रोक सकता है ?"

फिर एक खामोशी। सबकी बात चुक गई।

"शरणार्थी हो ?"

"हाँ !" मैंने उत्तर दिया।

"गेहूँ का कंट्रोल होगा, भाई !"

"सच ?" कोई स्त्री पूछती है।

"भीतर सरक आओ, भाई। वक्त नाजुक है। जाने किस वक्त क्या हो जाए !"

"हूँ ! क्या हुआ ?"

"घर जाओ, अपने-अपने घर। सिपाही आ जाएगा !"

तभी कोई वेग से भागा और चिल्लाता हुआ गायब हो गया—"भीतर भाग चलो। पुलिस आ रही है, साथ में फौज है। गोली चला देने का हुक्म हो गया है। बाप रे !"

मैं सुन्न पड़ गया। आज आजादी का दिन था। कसूर किसी का था, आफत तो हमारी है। चारों ओर देखा, दरवाजे फटाफट बंद हो रहे थे। लोग भाग रहे थे। अँधेरा झुक गया था।

मैं कुछ भी नहीं सोच सका। घर की याद आ गई। आखिर मेरे भी घर था।

भारी-भारी गाड़ियाँ शहर में अमन फैलाने चल पड़ी हैं। उनके पहियों की हल्की घरघराहट काँप रही है। ऊपर बहुत-से जवान खाकी वर्दी में चुस्त और तैयार खड़े हैं, चौकन्ने-से। यह गुरखे हैं। एकदम कठोर। हाथों में बंदूकें हैं। मैं जानता हूँ, यह न हमारी बोली समझते हैं, न दिल। बड़ी निर्दयता से गोरों की तरह गोली चला देते हैं। बिल्कुल दिमाग नहीं होता इनके।

घरों के भीतर से आवाजें गूँज उठीं—'आजाद हिंदुस्तान जिंदाबाद !'

मैं भाग चला। अँधेरा छा चला है। धुँधली छायाएँ काँप उठी हैं। सड़कें सुनसान हैं। कुछ भी आवाज सुनाई नहीं देती। गर्व से तिरंगे सिर उठाए खड़े हैं। मुझे फिर एक विश्वास-सा होता है। उधर किसी मुहल्ले में बंदूकें चलने की आवाज सुनाई दे रही है।

सामने ही मेरा तबेला दीख रहा है।

लेकिन ज्यों ही मैं भीतर घुसने लगा, मेरा शरीर किसी से टकराया। मैं लड़खड़ाकर गिर गया। सामनेवाला व्यक्ति भी गिर गया। उसके मुँह से एक हल्की-सी कराह निकली। मैंने धीरे-से उठकर देखा, हाथों का सहारा दिया। गिरनेवाला व्यक्ति भी उठा। उसने कहा—"चोट तो नहीं लगी ? अभी से कैसे आ गए ?"

"नहीं। भागा चला आ रहा था।"

यह मेरी स्त्री थी। पूछा—"क्यों क्या हुआ ?"

"कर्फ्यू लग गया है। दरवाजा बंद कर ले!"

"अभी नहीं, ठहर जाओ। यहाँ पुलिस कुछ नहीं कहेगी इस वक़्त। थोड़ी देर बाद बंद कर लेंगे।"

"क्यों ?" मैं कुछ नहीं समझा—"भीतर अँधेरा क्यों है ?"

वह कुछ सकते की-सी हालत में रही। फिर उसने धीरे से कहा—"चुप, सेठ का आदमी आ गया है। उसके पास कर्फ्यू पास है।"

मैं समझ गया। मैं लेटा हूँ, या गिर गया हूँ। मेरी स्त्री कह रही है—"जानती हूँ। तुम इसे नहीं सह सकते। पर · · · पर वह मुझे पसंद जो नहीं करता था · · ·।"

मैं सुन रहा हूँ। मेरा खून पानी हो गया है।

स्त्री कह रही है—"किसी को क्या मालूम ? रहने को तो जगह मिल ही जाएगी।" फिर जैसे उसने मुझे सांत्वना दी—"अब पगड़ी नहीं देनी होगी। परदेश में अपनी क्या इज्जत ?"

[**मनोरंजन**, दिसंबर '48]

धर्म-संकट

एक छोटी-सी जगह के पीछे दिन-रात झगड़ा बना रहता। सामने एक बड़ा शीशा लगा था जिसमें शक्ल जब हिलती हुई दिखाई देती तो देखनेवालों को अपनी सूरत के बारे में जितने विचार होते, वे सब मुगालते में बदलते हुए नजर आते।

उसे वे लोग दुकान कहते, इसलिए एक बड़ा लाल पत्थर बिछा रहता जिस पर पान—लगे हुए बीड़े—रखे रहते और लकड़ी के खानों में खाली सिगरेट के पैकेट ऐसे जमे रहते, जैसे वे सब भरे हुए थे। इनके अतिरिक्त कुछ बीड़ियों के बंडल झलका करते।

एक जमाना था जब बड़ी दुकान बाजार में ठाठ से खुलती थी। उसके रहते जब मुहल्ले में भगत का रतजगा हुआ, हरदेव सदा चाँदी की पाड़ के निकट बैठा करता।

पर अब सब कहाँ था ? वह एक सपना था जो अचानक ही मिला था। और अचानक ही खो गया। शराब के नशे ने जब अपने जहरीले पंजों का फैलाव समेट लिया और दिमाग को खाने लगा, तब आँख खुली। देखा, सब लुट चुका था।

बाप की दुनिया संकुचित थी। वह अब करीब पचास साल का था। दो-एक शायद ऊपर ही होगा। उसका मुख गंभीर था, जिसे देखकर भिखारी सहज ही उससे भीख माँगने की हिम्मत नहीं कर सकता था। वह अधिकांश चुप रहता। उसके गालों पर एक खुरदुरापन था और सिर के छोटे-छोटे बाल उसकी गंभीरता को अधिक बढ़ाते। कभी-कभी जब वह हँसता तो उसमें एक बड़प्पन होता। धोती और कुर्ता पहनकर जब वह खड़ा होता, उसके कंधे तनिक आगे को झुके हुए दिखाई देते। जब दुकान पर कोई चीज नहीं होती और गाहक उसकी माँग करता, वह गाहक की ओर देखे बिना ऐसे मना करता कि गाहक फिर दूसरी बार उसके यहाँ कभी नहीं आता।

और लड़का दूसरी तबीयत का आदमी था—हँसमुख, मस्त-सा दिखनेवाला। शक्ल में बेटा बाप से मिलता-जुलता था। जैसे पहले मोम में बाप का साँचा लेकर फिर उसमें ढाल दिया गया हो। उसके दाँत जरूर कुछ बड़े थे। सुती हुई देह थी। और जब वह शाम की थका-माँदा भाँग पीकर बैठता और जोर-जोर से आवाजें लगाता हुआ हँसता, तब उसकी अधखुली नशीली आँखों में जिंदगी की रोशनी चमकती हुई दिखाई देती, उस समय वह बहुत प्यारा दिखाई देता। उसके कपड़े अजीब होते। नंगे बदन से लेकर कुर्ता, फतूही, मिर्जई, बास्कट, कोट, सब ही उसके ऊपर फबते दिखाई देते और ऐसे अदलते-बदलते रहते जैसे जमीन पर अलग-अलग ऋतु में अलग फल निकलते हैं।

लेकिन बेबात की बात में दोनों में झड़प हो जाती और वे दोनों नाखुश होकर एक-दूसरे को गालियाँ देते।

इन दोनों के बीच का प्राणी एक स्त्री थी। वह एक की पत्नी थी, दूसरे की माँ अर्थात् हरदेव की स्त्री और भगवानदास की माता। वह दोनों के झगड़े में मध्यस्थ बनती। पिता और पुत्र में वही भेद था जो शराब और भाँग में होता है। शराब में दिमाग घूमता है, उसका नशा शोर करवाता है, दंगा मचवाता है, किंतु भंग में तरंग होती है, दिमाग ऊपर उठता है और आदमी बोंदा हो जाता है।

अक्सर वह इन दोनों के झगड़ों से तंग आकर कहती—"अब नहीं रहूँगी मैं यहाँ ! मैं तो अपनी बेटी को लेकर अपने भैया के घर चली जाऊँगी। एक दिन की हो तो कोई बात है। यह तो रोज-रोज की बजती ढोल है। कोई कहाँ तक सँभाले ! जब हिए में समुवाई नहीं रही तब क्या फायदा !"

किंतु कोई परिणाम न निकला। हरदेव बड़बड़ाता रहा, वह कभी उसे रोकती, कभी उसके अदब में चुप रहती और भगवानदास बगावत करता रहा, उसकी आवाज उठती रही। न उसने अपनी बहू की सुनी, न बहिन की, न माँ ही बेटी को लेकर भैया के घर चली।

शाम होते ही दुकान पर दोनों में तनातनी शुरू हो जाती। दोनों अपने को ज्यादा परिश्रमी साबित करते। एक-दूसरे पर अपनी थकान का प्रदर्शन करते। शिकवा होता कि एक-दूसरे की यही कोशिश है कि बस दूसरा कोल्हू में बैल की तरह जुता करे, टूटा करे।

रात होते-होते दोनों आपस में जोर-जोर से बातें करने लगते। हरदेव शीघ्र ही गर्म हो उठता। उसे पड़ोस के मुंशीजी जिस दिन देशी अद्धा पिला देते,

उस दिन वह शहंशाह हो जाता। बेटा भाँग से आगे न बढ़ता। दोनों एक-दूसरे को नशेबाज समझते।

और जब भगवानदास क्रुद्ध हो उठा, उसने चिल्लाकर एक दिन सुना-सुनाकर कहा—"शराब पिलाने को मेरे पास पैसे नहीं हैं, न ही कोई कमा-कमाके रख गया है मेरे पास।"

माँ ने सुना और पूछा—"वह तेरा कौन है ?"

भगवानदास चुप रहा। वह जानता है, पर आज उसकी आत्मा स्वीकार नहीं करना चाहती। माँ उसकी द्विविधा को समझ गई। उसने स्नेह से उसकी पीठ पर हाथ रखकर कहा—"क्यों ऐसे कुबोल कहता है बेटा! घर की शांति आपस में मिलकर रहने में मिलती है। यों नहीं होता कुछ। आखिर है तो तेरा बाप ही न!"

माँ का तर्क कुछ ठोस था। आवेश पर धैर्य ने विजय पा ली थी। और तब भगवानदास ने पराजित स्वर में कहा—"होगा कोई। जब अपने की चिंता ही नहीं की तो कौन किसका है अम्माँ !"

"ऐसे नहीं कहते, बेटा! जो भाग का है मिल-बाँटकर खा लो। झगड़ने से सब नीचे ही फैलता है...।"

"पड़ोसी की कौन रखवाली करता है अम्माँ!" भगवानदास अचानक ही कह उठा। उसके स्वर में कोई आत्मीयता नहीं थी। मानो भगवानदास बहुत आगे बढ़ आया था।

माँ को दुःख हुआ। वह यह सुनना न चाहती थी। जैसे आज उसका हृदय दो टूक हो जाएगा। यह वह क्या सुन रही है! घर की पुरानी दीवार आज उसके देखते-देखते चटक रही है। मन में संशय का विष सबसे बुरा है।

रात को वह पड़ी-पड़ी सोचती रही।

एक ओर मरद है, दूसरी तरफ बेटा। वह किधर जाए! कब तक यह तनातनी बनी रहेगी। एक दिन तो लेज को टूटना ही पड़ेगा। अब भगवानदास और उसका बाप दोनों उसकी आँखों के सामने आने लगे। एक बालक, जिसे वह दूध पिला रही है, वह बच्चा जिस पर उसका पूरा अधिकार था, जिसे उसने आदमी बनाया है। एक वह सदैव ही पुरुष था, सशक्त था, उसे लगा, हरदेव के सामने भगवानदास एक बच्चा था, उसके सामने वह बहुत कमजोर था।

उस समय दुकान में भगवानदास जागकर उठ बैठा। उसने एक अँगड़ाई ली और दो बार अपनी झुँझलाहट मिटाने को बमभोले का नारा लगाया, जो

नीम के पत्तों में जाकर लटका, फिर उड़ गया।

गाँववाले हुशियार हो गए हैं। शहर के लोगों को देखकर हँसते हैं। पाँच के माल की कीमत पच्चीस रुपए बताते हैं। सीधा देखा तो साफ बना दिया। ककड़ी लेने तभी भगवानदास अलस्सुबह, बल्कि दो बजे रात को रात ही कहना चाहिए, सिर पर खाली डलिया रखकर चल देता है। जब लौटता है तब आसमान में सफेदी फैलने लगती है। उसके शोर से दुकान में एक जगार-सी आ गई।

हरदेव ने देखा। उस वक्त उसका सिर भारी था। अभी नशा उतरा नहीं था। खुमारी का कसैलापन उसके मन को अब एक बुरा-बुरा-सा खट्टापन दे रहा था। भगवानदास चला गया। क्या सो पाया! कुछ नहीं। अब दिन-भर फल-ककड़ी बेचेगा, लू में, धूल में; पर हरदेव को इसकी एक भी बात याद नहीं आई। वह सोच रहा था—दिनभर के बाद अब जरा पलक लगी थी। उजड्ड ने हाहा-हूहू करके जगा दिया। आया बड़ा भगत का · · ·

जब हरदेव उठा तो उसके पाँव टूट रहे थे। धूप चढ़ने लगी थी। उसने दुकान खोल दी और अपने नित्य कर्म में लग गया। भगवानदास दस बजे के करीब डलिया लेकर घर आया, इसी मुहल्ले में ककड़ी बेच रहा था, सो डलिया धरकर रोटी खाने बैठ गया। माँ खिलाती रही।

हरदेव धूप की कड़ी गर्मी से अब कुछ खुश्की महसूस करने लगा था। दिन में जब उसने देखा कि अभी तक भगवानदास की अम्माँ ने रोटी नहीं भेजी और वह वहाँ उपेक्षित भुलाया हुआ-सा बैठा है, तब उसे एक कमी अनुभव हुई और आत्महीनता की तीव्रता पर वह झल्ला उठा। उसने सोचा—क्यों मैं इनके हाथ पर निर्भर रहूँ। क्यों न अलग यहीं दो रोटी थाप लूँ !

किंतु यह विचार अधिक देर तक नहीं चला। उसकी पत्नी ने लाकर कटोरदान सामने रख दिया।

"ले जाओ," हरदेव ने गंभीरता से कहा—'मैं नहीं खाऊँगा, पहले उसे चरा दो। लाड़ला है न ? मुझसे क्या ? मैं भूखा मर जाऊँगा, ले जाओ।"—उसकी आवाज में एक हठ था। स्त्री मुस्कराई। उसने परिस्थिति को समझा। कहने लगी—"तुम्हारा ही बेटा है ढोला। एक दिन तो झक्क दुपहरी में उसे आने का संयोग हुआ, उसी दिन तुम बैठे गुस्सा हो रहे हो। बाल-बच्चों का पहला हक है कि हमारा-तुम्हारा ? भली कही। नहीं खाऊँगा। ले जाओ। खेल है सो ? वह कोई खेलता है कि आवारागर्दी में

घूमता है ? न सोता है, न बैठता है, दिन-भर तुम्हारी ही खातिर में लगा रहता है, आखिर उसकी तो बहन है · · ·।"

हरदेव सुनता रहा, सुनता रहा। अब वह टूटा—"ले जा सब, मुझे तू याद मत दिलाया कर · · ·।"

परंतु स्त्री उसे जानती थी। कटोरदान खोल दिया। पकी-पकाई दिखाई देने लगी। स्त्री का यह पेट पर चलनेवाला हथियार उसके आँसू इत्यादि हथियारों से कहीं ज्यादा आसानी से कारगर होता है।

हरदेव पिघला। रोटी का कौर तोड़कर कहा—'मैं नहीं कहता कुछ। पर तू तो उसे ही शह देती है। मेरी बात सुनता है वह ? इस कान से सुनी उससे उड़ा दी, जैसे बात नहीं हुई मक्खी हो गई। अंधेर है यह। यह तुम दोनों का अंधेर है। सब समझ रहा हूँ मैं, हाँ।"

वह परेशान-सी देखती रही। यह समस्या अत्यंत जटिल थी।

"कौन ? मैं ? उसकी तरफ बोलती हूँ ?" उसने एक वाक्य को तीन प्रश्नों में जोड़कर कहा, जैसे समष्टि से व्यष्टि में होता हुआ अहंभाव अंत में अपनी नकारात्मकता में स्वयं-सिद्ध हो गया। वह कहने लगी—"तुम इस घर से अलग हो ? मैं पूछती हूँ, तुम अपने को घर का मालिक क्यों नहीं समझते ? बेटी का ब्याह तुम्हें नहीं करना है ? वह सिर्फ माँ-बेटे की जिम्मेदारी है ? बेटी तुम्हारी नहीं है ? कह दो ! मैं पूछती हूँ, आज कह दो !"

हरदेव भुनभुनाया—"अब लो, बेटा भी जिम्मेदार हो गया, ठीक है। जो जिम्मेदार है वही मालिक है। फिर मेरी क्या जरूरत है ? इस लौंडे का ब्याह कराके ही मुझे क्या सुख मिल गया है।"

स्त्री मुस्कराई। उसने कहा—"क्या कहते हो। बेटा-बेटी ब्याह करके नेग चुकाया जाता है कि सुख की आशा की जाती है ?"

किंतु बात यहीं समाप्त नहीं हुई। वह जब चली गई, हरदेव दुकान पर बैठा-बैठा ऊबने लगा। मुंशीजी का लड़का दो बार बुलाकर चला गया। शाम को भगवानदास लौटा, हरदेव भुना बैठा था।

दिन में सख्त गर्मी थी। लूओं की चपेट से देह झुलस-झुलस जाती थी। वह आड़ में लेटा रहा, आकाश से आग बरसती रही। इस समय वह वहाँ से उठना चाहता था।

भगवानदास समझ गया। उसे खीझ हुई। दिन-भर यहाँ लूओं में चक्कर लगाते-लगाते शरीर फुँक रहा है और राजा साहब हैं कि आड़ में भी दुकान पर नहीं बैठ सकते। इन्हें तो नींद चाहिए, नींद।

कुछ न कहकर चुपचाप वह मंदिर के नल पर नहाने चला गया। शरीर पर नल का पानी कुछ-कुछ सीटा-सीटा-सा लगा, और एक हल्की फुरफुरी आई। वह शिथिल-सा पानी की धार के नीचे बैठा रहा। मजा आ रहा था, जैसे इस ठंडक से धूल के साथ सारी हरारत, सारी थकान बह-बहकर निकल रही हो। उसे काफी देर हो गई।

जब वह नहाकर लौटा तो सीधा रोटी खाने घर चला गया, क्योंकि भूख तेज हो गई थी।

हरदेव ने देखा। वह क्रोध से काँप उठा : नवाब का बच्चा, क्या कहते हैं, अब मुंशीजी क्या रात-भर बैठे रहेंगे ? एक तो बिचारे बुलाकर पिलाते हैं, तिस पर कल तक इंतजारी करेंगे ? आया था; खैर, नहा ले भाई। अभी लड़का है, तेरा बखत है, पर यह क्या कि अब चल दिए बदन फटकारकर। हरदेव सोचता रहा। विचार एकरूप होकर घिरने लगे : बस इसे क्या ? भाँग पी ली और सो रहा। एक बार न सोचा होगा इसने बुड्ढा क्या कर रहा है, क्या करना चाहता है। उसे दुकान से क्या मतलब ? यह तो एक काम करेगा। बस, जैसे इसके बाप ने मुझे नौकर रख लिया है कि बैठ, सौदा बेच, जो गुल्लक में आए सो इधर दे इधर ···

हरदेव को गुस्सा घेरने लगा जैसे शिकारी जानवर को घेरता है, जैसे चारों तरफ बाजे बजाती हुई भीड़ बढ़ी आ रही है और वह लाचार बाहर निकलता चला आ रहा है। उसे लगा, उसके विरूद्ध सारा घर मिलकर एक हो गया है। वह क्यों उन्हें अपना समझता है। वे सब उसे उल्लू बनाकर रखना चाहते हैं, जैसे वह उन सबका गुलाम है।

इस विचार-जुगुप्सा ने जैसे उसका एकदम दम घोंट दिया। उसे लगा, वह मँझधार में डूब रहा है।

अब वह फुफकारने लगा, जैसे मुहल्ले के सब कुत्तों ने मिलकर एक कुत्ते को घेर लिया और उसकी निर्बल आत्मा पिछली टाँगों में दुम दबाए, दाँत निकालकर चिल्ला रही है, वह प्राणपण से अपने को मुक्त करने की चेष्टा कर रहा है : बुड्ढा! वह बुड्ढा हो चला है। वे चाहते हैं कि वह अपाहिज-सा उनका हुक्म बजाता रहे। अब जैसे उसकी कोई मर्जी नहीं रही। कल तक वह जहाँ मालिक था, आज वह वहाँ गुलाम बनकर रहेगा ?

उसने दुकान बढ़ा दी। असह्य दुख से उसकी आत्मा छटपटाने लगी। क्यों करे वह किसी की परवाह ? ऐसे रहने में उसे क्या सुख मिलता है ?

घर पहुँचते ही वह चिल्लाने लगा—"कहाँ है तेरा सपूत कुलच्छनी ? मैं

कोई आदमी थोड़े ही हूँ ? जब देखो, जुता रहूँ। क्यों खाता हूँ, क्यों पीता हूँ ? फूटी आँखों अब मैं नहीं सुहाता इस घर में। इस तरह रहने से तो मर जाना अच्छा है। चौबीसों घंटे मैं तो दुकान में मक्खियाँ मारूँ · · ·"

स्त्री ने देखा और शांत रही। हरदेव कहता रहा—"और नवाब के बच्चे हैं कि सड़कों पर टहल रहे हैं · · ·।"

हरदेव गरज रहा था। उसका क्रोध भगवानदास के चुप रहने से बढ़ता जा रहा था। उसे लगा, वह जन्म-जिंदगी से ऐसे ही उपेक्षित रहा है, मूर्ख समझा जाता रहा है। इस घर से उसे वह सम्मान नहीं मिल रहा जो उसके योग्य था।

भगवानदास ने कौर-भरे मुँह से कहा—"सुहाए वह जो सुहाने लायक काम करे। अपना है तो क्या, साँप भी पास सुलाने को है ? नहीं हम बैठे रहते हैं जो पाँव मखमली हों। ठेक पड़ गई है चलते-चलते; दहूँ ठेक पड़ गई है।"

बाखर में शायद लोग सुन रहे होंगे। क्या सोचते होंगे कि आज बाप-बेटे में तू-तू मैं-मैं हो रही है। यह विचार अधिक देर तक नहीं रहा। किसके घर के चूल्हे के पीछे राख का ढेर नहीं है, घर-घर वही मिट्टी के चूल्हे हैं।

माँ ने बेटे को डाँटा—"क्यों रे! बाप के मुँह लगता है ? जानता है उसकी इज्जत से तेरी जीभ घिस जाएगी ?"

"आहा", हरदेव ने सिर हिलाकर व्यंग्य से कहा—"एक यही सपूत तो मेरी इज्जत करने को रह गया है। मेरी पाँव की जूती मेरे सिर की इज्जत करेगी ? मुझे नहीं चाहिए ऐसी इज्जत।"

भगवानदास ने खाना छोड़ दिया। वह उठ बैठा और द्वार की ओर चलते हुए कहने लगा—"अब नहीं रहना है मुझे इस घर में। समझी अम्माँ, तू रह, वह रहे, मैं नहीं एक मिनट रह सकता। कोई बात है। दिन क्लेश, रात क्लेश, चौबीसों घंटे की झिकझिक। इससे तो संखिया खाकर सो जाना भला है।"

माँ ने दौड़कर पकड़ लिया।

"क्या कह रहा है बेटा!" फिर पति से मुड़कर कहा—"आग लगे तुम्हारे फूटे बोलों को। थाली पर से मेरा बेटा उठा दिया।"

"अरे तू जाने दे इसे। ब्याह के मैं लाया था तुझे। तूने ही इसे इतना मुँहचढ़ा बना दिया है। वह दिन भूल गया जब पिल्लों की तरह नाली में खेलता था। हम भी बच्चे थे, हमारा भी कोई बाप था, पर हमने कभी सामने खड़े होकर जवाब नहीं दिया। और तू है कि आ बेटा, ले बेटा। निकाल इसे! बेईमान! बदजात! मैं पहले ही कहता था, यह किसी भंगी

की औलाद है, हरामजादा, छोड़ दे इसे · · ·!"

"और वह दिन तुम भूल गए", भगवानदास ने चिल्लाकर कहा—"जब कुत्तों की तरह नाली में पड़े थे शराब पीकर, जब मैंने उठाया था तुम्हें, जब दुनिया का गंदा चाट रहे थे।"

उसकी चोट से हरदेव तड़प गया। उसने बढ़कर कहा—"अब तो कह हाँ, अबके कह तो देखूँ। सूअर! हलक में हाथ डाल के जीभ खींच लूँगा।"

वह चिल्ला उठी—"भगवानदास! कपूत! बाप से सामना करता है। उसकी तुझसे एक बात नहीं सुनी जाती ?"

भगवानदास ने माँ को पीछे धकेलकर कहा—"आज यह नहीं मानेगा। कहूँगा, कहूँगा, फिर कहूँगा! क्या कर लेगा, हाँ, ले मैं कहता हूँ, सारी बाखर सुने। आया बड़ा डरानेवाला, जैसे मैं कोई बच्चा होऊँ, शराबी · · ·!"

हरदेव का हाथ उठ गया। माँ बीच में जूझ पड़ी किंतु दोनों क्रोध में मतवाले हो रहे थे। एक हाथ घूमा। वह छिटककर दूर जा पड़ी। दोनों लड़ रहे थे।

आखिर बेटा जवान था। हरदेव के दो-चार हाथ कसके पड़ गए। हरदेव क्रोध से काँपने लगा। उसका मुख भयानक हो उठा। दाँतों की नोक दिखाई देने लगी। हरदेब ने फूत्कार किया—"आज तेरी माँ न होती तो हरामजादे, छाती फाड़कर खून पी लेता, पर इसकी वजह से तुझ पर मेरा हाथ नहीं उठता।"

माँ भगवानदास को कोसती हुई चिल्लाने लगी—"अरे तेरा नाश हो कपूत! बाप पर हाथ उठाते तुझे लाज न आई! वह क्या इसी दिन के लिए बूढ़ा हुआ है ? कमबख्त! हया का लेस भी नहीं रहा! इसका तो मैंने पैदा होते ही गला घोंट दिया होता भगवान !"—स्त्री की ललकार सुनकर उसी समय हरदेव ने सारी ताकत लगाकर भगवानदास को कसके धक्का दिया। गुत्थमगुत्था फिर शुरू हो गई। माँ चुपचाप खड़ी देख रही थी। उसे लग रहा था जैसे सारी दुनिया अब घूमने लगी है। लड़के के प्रति उसे अत्यंत विक्षोभ था, घृणा थी। वह देख रही है, उसका जाया आज घर में आग लगा रहा है। वह चिल्लाना भी भूल गई। हठात् हरदेव ने भगवानदास को फेंक दिया। वह कातर स्वर से चिल्ला उठी। दौड़कर अपने बेटे को सँभाल लिया। उसने देखा, दीवार से टकरा जाने से भगवानदास के सिर से खून निकल रहा था। पास बैठ गई। सिर गोद में ले लिया। बेटे पर बेहोशी-सी छाई थी।

हरदेव हाँफ रहा था, जैसे उसने एक बहुत बड़ा काम कर दिया है। अब भी वह इतना दम रखता है कि अपनी इज्जत अपने-आप बचा ले।

भगवानदास ने अधखुली आँखों से माँ को देखा। उसके सिर से बहते हुए खून को देख रही थी। उसने क्रोध से जलती हुई आँखों से देखकर कहा--"तुम चले जाओ। अभी घर से निकल जाओ। तुम मेरी गोद में आग लगाना चाहते थे? जिसे मैंने इतने दिन तक अपनी कोख में रखा, उसे तुम मार डालना चाहते थे?"

हरदेव हतबुद्धि खड़ा रहा। स्त्री कहती रही--'जिनावर! जंगली! हाथ न टूट गया तुम्हारा जो इस फूल को मसलने चले थे!'—और उसने पुचकारकर कहा—"उठो बेटा, अब हम इस घर में नहीं रहेंगे। वह दुकान इसी की रहे, देखें कैसे चला लेता है। हम तुम मेहनत करके पेट पाल लेंगे ···।"

[आजकल, वार्षिकांक '48]

जाति और पेशा

अब्दुल ने चिंता से सिर हिलाया। नहीं, यह पट्टी उसकी है। यह रामदास को उस पर कभी भी कब्जा नहीं करने देगा। श्यामा जब मरा था तब वह मुझसे कह गया था। रामदास तो उस वक्त वहाँ था भी नहीं। उसका क्या हक है ? आया बड़ा हिंदू बनकर। उस वक्त कहाँ चला गया था ? जब देखो तो हाथ में लट्ठ उठा-उठाकर दिखाता है। मैं कचहरी में ले जाऊँगा इसको।

उसके शरीर पर एक मैली-सी मिरजई और कटि के नीचे घुटनों तक ऊँची धोती। वह बैठा-बैठा हुक्का गुड़गुड़ा रहा था। इधर जो नाज महँगा बिकता है, उसके पास कुछ रुपया जमा हो गया है। वह अब किसी से भी क्यों दबे ? और उसने भौं सिकोड़कर गंभीरता से एक बार जोर का कश लगाया और फिर अपने कैंची से कटे बालों पर हाथ फेरा। जब मुँह से धुआँ छोड़ा तो उसका हाथ दाढ़ी को सहला रहा था।

उसके बच्चे बाहर धूल में खेल रहे थे। उन्हें किसी की भी क्या फिक्र! साथ में ही रामदास के बच्चे भी थे। एक बच्चा धूल में पैर देकर ऊपर से मिट्टी थोपकर घर बनाने की कोशिश कर रहा था। जब चिलम बुझ गई, वह उठा। पत्नी को आवाज दी और कह दिया कि संभवतः देर में लौटेगा। पत्नी कुछ नहीं समझ सकी। अपने इन्हीं विचारों में मगन वह शहर चल दिया।

दो मील चलकर जब वह वकील साहब के यहाँ पहुँचा तो उसने देखा, वकील साहब को एक मिनट की भी फुर्सत नहीं। किंतु जब वह पास जा सलाम करके बैठ गया तो उसे पता चला कि वह सिर्फ गवाहों की भीड़ थी, जिन्हें वकील साहब कल का बयान रटा रहे थे। वह चुपचाप प्रतीक्षा करता रहा। जब बयान खत्म हो गया, उन्होंने एक गवाह से उसे सुना। उसकी गलतियों को ठीक किया और फिर संतुष्ट होकर कहा--"ठाकुरों को उस गाँव में कोई नहीं हरा सकता। अब जाओ।"

वकील साहब की आँखों में एक तीक्ष्णता थी जिससे उन्होंने शीघ्र ही अब्दुल को भाँप लिया। उनका काम ही यह था। उन्होंने उससे कहा—"अरे, बहुत दिन बाद दिखाई दिए। इधर तो आना ही छोड़ दिया था !" फिर हँसकर कहा—"वकील और डाक्टर दूर रहें यही अच्छा है !"

वे धार्मिक आदमी थे। सुबह अँधेरे ही उठकर भजन-पूजन समाप्त कर लेते और फिर सांसारिक कामों में लग जाते। छुआछूत का पूरा खयाल रखते। जब बच्चे सुबह पढ़ने लगते, वे अपने मुवक्किलों से बात करते हुए उन पर भी नजर रखते कि कोई बेकार ही पेंसिल छील-छीलकर तो समय नष्ट नहीं कर रहा है। पड़ोस के खाँ साहब से उनके पिता के समय में बहुत मेलजोल था। किंतु अब आना-जाना तो है नहीं, बच्चे अलबत्ता साथ खेलते हैं। उनका सिर्फ सलाम-दुआ का रिश्ता है, कुछ नहीं। वे मुसलमान, ये हिंदू। अब पड़ोस से सब व्यवहार बंद हो चुका था। वकील साहब की सदा यही कोशिश रहती कि कैसे भी हो, खाँ साहब यहाँ से उखड़ें तो मैं मध्यस्थ बनकर वह मकान किसी शरणार्थी को दिला दूँ, और बीच में जो अपना हो, उसे प्राप्त करूँ।

श्यामा की भूमि पर अब्दुल का यह हक जमाना कतई नापसंद रहा। पर उनको क्या ? उन्हें तो पैसा मिलना चाहिए।

उन्होंने कागज पर बहुत कुछ लिखा और कहा—"केस पेचीदा है। जबानी किसी ने कुछ कह दिया, उसे साबित करना कठिन काम है। और कोई लिखा-पढ़ी है ?"

"होती तो क्या बात थी !" उन्होंने स्वयं कहा; क्योंकि अब्दुल खाली आँखों से देख रहा था। उन्होंने जोर देते हुए कहा—"और तुम्हारी अड़ पड़ गई है !"

अब्दुल ने सिर हिलाकर स्वीकार किया—"हाँ, अड़ पड़ गई है। जमीन तो ऐसी कोई बहुत नहीं है, पर रामदास जीत गया तो अब्दुल सदा के लिए दबकर रहेगा !"

वकील साहब समझ गए। वे समझदार आदमी थे।

"कौन से डिप्टी की कोरट में जाएगा ?" अब्दुल ने पूछा, "ऐसी जगह पहुँचवाओ जहाँ काम हो जाय !"

वकील हँसे। कहा—"तकवी के यहाँ ले जाता, पर वैसे सुंदरभान ठीक रहेगा। क्यों, आदमी तो वह ठीक है ?"

अब्दुल ने कहा—"आप जानें !"

वकील साहब ने कहा—"अरे भाई, तुम्हारी भी तो राय लेनी चाहिए। मैं और वकीलों की तरह नहीं हूँ !"

उन्होंने उसे और कुछ समझाया। रुपए गिन लिए। आश्वासन दिया। वह प्रसन्न-सा लौट आया। वकील साहब खुश हुए। सुंदरभान से उनकी अदावत थी। वहाँ यह मुसलमान कभी नहीं जीतेगा। हिंदू की जमीन हिंदू को ही मिलेगी। एक पंथ दो काज सिद्ध होंगे। तकवी दोस्त तो है, लेकिन क्या ठीक ? किंतु अब्दुल कुछ और ही सोच रहा था। वकील को रुपए देते ही बोझ उतर गया। जिस समय वह गाँव पहुँचा, उसे लगा उसने रामदास को हरा दिया था। मामूली नहीं है यह वकील। कितने गवाहों को साथ पढ़ा रहा था। जब उस झूठे मामले को वह यों ही सुलझा गया तो फिर उसका तो एक सहारा भी है। वह जरूर जीतकर रहेगा।

तभी किसी ने कहा—"कहो तो अब्दुल, अच्छे तो हो ? बहुत दिन बाद दिखाई दिए !"

गरगलाती आवाज में एक भारीपन था जिसमें अधिकार, स्नेह और चातुर्य्य की भावना थी। अब्दुल ने देखा, मौलवी साहब थे। वह खुशी से अपना किस्सा सुना गया।

उसकी बात सुनकर वे उसे ऐसे देखते रहे जैसे किसी बेवकूफ को आज जिंदा पकड़ लिया था। अत्यंत गंभीर मुद्रा बनाकर उन्होंने कहा—"अब्दुल, तू सचमुच बच्चा है !"

अब्दुल चौंक उठा। उसने पूछा—"क्यों ? क्या बात है ?"

लंबा चोगा पहननेवाले मौलवी साहब की उँगलियाँ उनकी खिचड़ी दाढ़ी में उलझ गईं। वे चुप खड़े रहे। उनके उस मौन को देखकर अब्दुल को भय होने लगा। यह हल और जमीन का मोटा काम करनेवाला किसान अल्लाह के सूक्ष्म तत्त्वों को समझनेवाले मौलवी को इस तरह खामोश देखकर सिहर उठा।

उन्होंने मुस्कराकर कहा—"अभी वह शायद तुमने सुना नहीं। हिंदू अब मुसलमानों पर खार खाए बैठे हैं। यह वह बोदा हिंदू नहीं है जो हमारा गुलाम बनकर रहता था, अब वह हमें गुलाम बनाकर रखना चाहता है !"

अब्दुल काँप उठा। मौलवी साहब भारी आवाज में कहते रहे—"सूबेदार तलवार लगाकर घूमता है, वह कहता है इन्हें सुई की नोक बराबर जमीन पर भी नहीं रहने दिया जाएगा। कोई रोकनेवाला है उसे ? कोई नहीं। क्योंकि सुंदरभान सबसे बड़ा अफसर है। उसके सामने कौन बोल सकता है ?"

उन्होंने हाथ फैलाकर समझाते हुए कहा—"आज हल्के में सब मुसलमान हैं। अपना दरोगा है, अपना तहसीलदार, मगर सुंदरभान अकेला हिंदू डिप्टी

है। मुसलमानों को दबाकर रखना चाहता है। तकवी है—अपनी बातें सुनता है, तरफदारी करता है, ठीक है, मगर डरता है। जहाँ हिंदू-मुसलमान का सवाल आया फौरन अपने आपको ईमानदार साबित करने के लिए हिंदू की तरफ हो जायगा, अगर ऐसे लोग न होते तो क्या मुसलमान इतना दबकर रहता ?"

अब्दुल संकट की-सी हालत में पड़ गया। अब वह क्या करे ? कुछ भी हो, आखिर जब वह दीन भाई है तो क्या कुछ भी ख्याल नहीं करेगा ? तकवी ही ठीक रहेगा।

अब्दुल दूसरे दिन जब वकील साहब के यहाँ पहुँचा, वकील साहब अकेले बैठे थे। उनकी स्त्री पर्दे के पीछे खड़ी उनसे कुछ बातें कर रही थी। अब्दुल को देखकर वह भीतर चली गई।

"आओ, आओ, अब्दुल!" वकील साहब ने आरामकुर्सी पर लेटते-से बैठते हुए कहा। अब्दुल जाकर बगल में जमीन पर बैठ गया। काफी तकलीफ के साथ उसने अपनी बात को छिपाकर उनसे कह दिया।

वकील साहब ने अधमुँदी आँखों से देखा। तकवी के यहाँ मामला पहुँचाना उनके बस की बात है लेकिन उसमें यही खतरा है, मुसलमान कैसा भी दोस्त हो, आखिर मुसलमान है। वह जब देखेगा कि जमीन का मामला है, फौरन मुसलमान की तरफ हो जाएगा, दोस्ती धरी रह जाएगी। केस तो शायद वे जिता दें, पर हिंदुओं का इसमें नुकसान होगा। मुसलमान को जमीन दिलाने का मतलब है इनके यहाँ पट्टा कर देना। उन्होंने अब्दुल की बात पर पहलू से विचार किया।

वे समझ गए। इससे किसी ने कहा है कि तकवी मेरा दोस्त है। वहाँ काम जल्दी होगा। और मुसलमान मुसलमान की ही तरफ झुकता है। इस विचार से उन्हें कोफ़्त होने लगी। उन्होंने सोचा, वे खुद ही केस क़मजोर रखेंगे कि तकवी उल्टा फैसला देगा। उन पर क्या चोट आएगी। वह तो मुसलमान हैं।

उन्होंने कहा—"तब तो खर्चा बढ़ेगा अब्दुल! मैं जितना गहरा जाता हूँ उतना ही मामला पेचीदा होता जाता है। तकवी से कुछ नहीं कहूँगा। सुंदरभान से कह देता। केस मैं तकवी की कोर्ट में करवा दूँगा।"

वे यह झूठ बोलते तनिक भी न हिचके। सुंदरभान उन्हें दूर रखते थे।

परिणामस्वरूप कुछ रुपये अंटी में से फिर झड़ गए। हृदय फिर हल्का हुआ। अब्दुल जब लौटा तो फिर उसके पाँव जमीन पर पड़ने से इनकार

कर रहे थे, जैसे उड़ रहा था। अब क्या है ? अगर तकवी भी उसकी मदद नहीं कर सकता, तो फिर खुदा भी नहीं कर सकता। मौलवी साहब कुछ भी हों, उन्हें मुकदमा करने का हक थोड़े ही है। रास्ते में देखा, सब बच्चे इधर-उधर खेल में भाग गए थे। एक घुटनों पर चलनेवाला रह गया था। उसने रामदास के बच्चे को गोद में उठा लिया। धूल में सना हुआ बच्चा रो रहा था। उसने उसे पुचकारकर चुप किया और उससे बातें करने लगा। उसका मन प्रसन्न हो रहा था। कैसा मजे का है! बड़ी-बड़ी आँखों से घूर रहा है।

तभी रामदास ने पुकारकर कहा—"इसे तो रहने दो। दोस्ती करने को मैं काफी हूँ।" वह सामने से आ रहा था। अब्दुल ने बच्चे को उतार दिया। बात लग गई थी।

अब घरों के बीच की भीत और ठोस हो गई, अभेद्य हो गई। रामदास ने बच्चे की हिफाजत के लिए कुछ टोटका किया था। अब्दुल ने सुना तो उसका हृदय कसक उठा। मुझे इतना कमीना समझता है। और प्रतिशोध के शोले भीतर भड़क उठे। बीवी से उसने दृढ़ता से कहा—"आज से रामदास हमारा बैरी है। समझती हो ?" स्त्री ने देखा। वह कुछ नहीं समझ सकी।

कई दिन बीत गए।

अब्दुल हार चुका था। तकवी ने उसके खिलाफ फैसला सुनाया था। उसके सब-डिवीजन में कुछ हिंदू-मुस्लिम तनातनी थी। सरकार ने उस पर कड़ी डाँट लगाई थी। उसकी नौकरी का चक्कर था। वकील साहब दोस्त थे। उनके मुवक्किल होने में ही हानि थी और मुसलमान होना तो गजब था। सब सुनकर मौलवी साहब ने हँसकर कहा—'मैंने पहले कहा था कि वह हिंदुओं से दबता है। वकील नरोत्तम बड़ा घाघ आदमी है। जब तुम कोरट बदलने गए, जरा न हिचका। वह जानता था कि तकवी पोच आदमी है, उससे हिंदू का कभी नुकसान नहीं हो सकता।"

लेकिन डिप्टी तो अपना ही था", अब्दुल ने प्रतिवाद किया, "मुसलमान तो बेकार है, हिंदू तो अलग है ही। फिर भी करता भी क्या ? अपना तो कोई नहीं निकला!"

मौलवी साहब सुनकर परास्त हुए। किंतु हार कैसे जाते। कहा—"तू तो सीधा आदमी है अब्दुल! इस मामले में बड़े-बड़े चक्कर खा जाते हैं। अंग्रेज़ों के ये कानून तो ऐसे हैं कि अच्छा वकील हो तो एक के चार मतलब निकाल ले। तू मेरी राय में एक काम कर। किसी मुसलमान वकील के पास जा। मुकदमे की जीत-हार की कुंजी डिप्टी नहीं, वकील है, वकील! समझा ?"

ऊँट की करवट

गंगापुत्रों की उस छोटी-सी बस्ती में किसी को भी हैसियतवाला नहीं कहा जा सकता, क्योंकि किसी की भी खास आमदनी नहीं थी। रामदीन पाँडे ही के पास थोड़ा-बहुत धन था, और वह भी इसलिए कि उनके पास कुछ खेत थे जिनमें वह काश्त करवा लिया करते थे और पैसा दाँतों में भींचकर रखने से उनकी थैलियाँ तनिक बड़ी हो गई थीं।

जब से नए दरोगाजी आए, उन्होंने उस गाँव में एक नई हलचल पैदा कर दी। चारों तरफ दबदबा छा गया। गाँव के मशहूर गुंडों का उन्होंने ऐसे रातों-रात दमन कर दिया कि उनके छक्के छूट गए और दरोगाजी के विरोधी होने की जगह वे उनके गुर्गों का स्थान पा गए। दरोगाजी युवक थे। 6 फुट लंबे और गोरे आदमी थे। उनके चेहरे पर एक कठोरता थी। बड़ी-बड़ी, मस्ती भरी कंजी आँखों पर तनी हुई भौं थी और गर्दन ठोस थी, गठीली थी; जिसके नीचे उनका स्वस्थ और फैला हुआ वक्षस्थल देखकर आँखें तृप्त-सी हो जाती थीं। वह एक आकर्षक व्यक्तित्व था। उनकी मूँछें लंबी थीं और पतली होने पर भी ऊपर की ओर तनी रहती थीं। जीवन के विभिन्न क्षेत्रों पर उनका विभिन्न प्रभाव पड़ा। बनिया उन्हें जो निपनिया दूध भेजता, उसे देख एक बार वह स्वयं रो देता।

और पंडागिरी करनेवाले वे पुराने बाशिंदे जो गंगापुत्रों के नाम से विख्यात थे, हवा के झोंके के सामने झुकनेवाली खड़ी फसल की तरह उन्होंने भी सिर झुका दिया। इसी तरह तूफान आते रहे थे, वे झुककर राह देते थे और फिर खड़े हो जाते थे—पुराने अंग्रेज़ों का यह कथन उन पर पूरी तरह लागू होता था। उनकी आकृतियाँ अधिकांश अच्छी थीं और उनकी स्त्रियों के यौवन की चर्चा प्रायः सभी जातियाँ किया करती थीं।

सुबह और शाम को सूरज गंगा पर उदय होता और डूब जाता। एक बार समस्त धारा स्वर्ण की भाँति चमचमाती, दूसरी बार वही वक्ष फुलाए

बहनेवाली धारा रक्त की तरह लाल-लाल होकर बहने लगती, जिसमें उन घरों की छाया रात की उँगली पकड़कर काँपा करती और धीरे-धीरे बढ़ती जाती, सारा जल काला हो जाता, गहरा अंधकार भरा। गंगा की पवित्रता के प्रार्थी दूर-दूर से वहाँ तीर्थ के लिए आया करते। पंडे अपनी पुरानी बहियाँ खोलकर बैठ जाते और वंशवृक्ष के पत्ते-पत्ते को गिना देते, फिर धर्म के नाम पर लूटते और बात-बात में तुलसीदास की रामायण की चौपाइयाँ सुनाया करते।

दो

गंगापुत्रों में सरयू के घर सदा ठाठ रहते थे, क्योंकि पंडा गिरिजाकुमार की वह स्त्री ही आगंतुकों का अतिथि-सत्कार करती थी। कोई भी जिजमान अप्रसन्न होकर नहीं लौटता था। उसका व्यवहार, बोलचाल, हाव-भाव, सब ही बहुत आकर्षक थे। गिरिजाकुमार के अतिथि सदैव ही एक-दो दिन अधिक रहते, और धीरे-धीरे सरयू के शरीर पर सोना लदने लगा जिसने उसे और भी सुंदर बना दिया।

उसकी बढ़ती को सब जानते थे, क्योंकि वह अटारी में जलते दीपक के समान थी। गिरिजाकुमार ढूँढ़-ढूँढ़कर लाते। जब औरों के यहाँ दो-दो तीन-तीन दिन कोई नहीं आता, सरयू का द्वार धर्म का प्रशस्त पथ बन जाता, जैसे पुण्यतोया भागीरथी उस घर के अंदर होकर बहती थी।

उस ईर्ष्या के बढ़ने के साथ उसका यश भी बढ़ता जा रहा था। गाँव के अन्य पंडे उसे खुलेआम बदनाम करने का साहस नहीं रखते थे, क्योंकि एक दूसरे की धोती का छोर एक-दूसरे के पैर के नीचे मजबूती से दबा हुआ था। कपड़े का एक ओर से फटने का मतलब था कि वह फट जाता, उसकी धज्जियाँ उड़ जातीं। अतः वे सब चुप थे और उसे भाग्य कहते थे।

दरोगाजी का सैलानीपन आत्म-प्रसिद्ध तो था, किंतु अभी वे अपने को नई बस्ती के खजानों से अपरिचित समझते थे। उनके मातहत सदैव नई-नई चीजें तलाश किया करते थे, जिन्हें दरोगाजी सूँघते और फेंक देते। उस दिन शाम हो गई थी। नाव पर दरोगाजी गाँव की सर्वोत्तम तवायफ को लिए नौकाविहार में मग्न थे। उनके सामने शराब की बोतल थी, जिसमें से ढाल-ढालकर सोड़ा मिला-मिलाकर वेश्या हुस्ना उन्हें पिला रही थी। उनके बड़े-बड़े नयनों के कोनों पर गुलाबी डोरे झलक आए थे और पलकें झपकने

लगी थीं। आकाश में एक सुनहला बादल डूबते सूरज की किरणों में खेल रहा था। नदी चमचमा रही थी। समीरण की झूमती हुई गाथा अब पेड़-पत्तों को फरफराने लगी थी। गंगा का विशाल प्रवाह जगमगा रहा था।

हुस्ना का सौंदर्य उस चमक ने द्विगुणित कर दिया था। थी गाँव की, पर बड़े-बड़े ताल्लुकेदारों के यहाँ नाच आई थी। दूर-दूर तक उसके मादक शरीर का यश प्रसिद्ध था। हजारों काले-काले गरीब किसानों की भीड़ एक गंदी फसल थी, उनके बीच में वह गुलाब का पौधा थी जिस पर बड़े-बड़े लोग भी हाथ डालने से नहीं हिचकिचाते थे। उसकी पूर्वी पोशाक, नाक में सोने की बड़ी नथ जिसे कान के पास बाँध दिया जाता था, उसके बाएँ गाल का वह जहर बुझा काला तिल और फिर फ़रेबी आँखों में अविश्वास के धुँधलके में चलते नारी-सुलभ कटाक्षों के धोखे मनुष्य को व्याकुल कर देने के लिए काफी थे।

नाव बहाव से लौटने लगी थी। अब माँझियों की पेशियाँ धार काटने में बार-बार फूलती थीं, गिरती थीं। नदी के किनारे घाटों पर लोगों की चहल-पहल थी। किसी ने भी उस पर कोई विशेष ध्यान नहीं दिया।

उधर सरयू नदी में स्नान करके जब उठी, वह अत्यंत सुंदर प्रतीत हो रही थी। उसका नियम था कि नित्य प्रातः-सायं वह गंगास्नान के लिए घर से कुछ दूर चलकर इधर एकांत में स्नान करने आती। कभी-कभी गंगा की धार पर प्रवाहित उसका दीपदान विस्तृत जलराशि के फेनोच्छ्वसित विलास-गांभीर्य पर लगे संध्यातारे की भाँति टिमटिमा उठता था।

हठात् दरोगाजी ने देखा। उन्हें लगा वे स्वप्न देख रहे थे। उनकी भूल थी कि वे तृप्त हो गए थे। सामने वह नारी, जिसके वस्त्र भीगकर उसके अंगों से चिपककर प्रायः स्पष्ट थे, खड़ी सूर्य को नमस्कार कर रही थी। डूबते हुए सूर्य ने जैसे अपनी उपासना के प्रति प्रसन्न होकर जो पराग उस पर फेंका था, वह अब नदी के कुंकुम जल पर छिटक गया था। लगता था, वह स्त्री नहीं थी, जल पर उगा कमल थी। दरोगाजी ने आज तक वह रंग, सफाई और वह रूप नहीं देखा था। वे उसे विभोर होकर देखते रहे। हुस्ना ने मुस्कराकर कहा—'गिरिजाकुमार की बहू है। क्या उसे निगल जाओगे ?"

दरोगाजी ने पूछा—"तुम कैसे जानती हो ?"

"पड़ोस के गाँव की लड़की है। मैं यहाँ किसे नहीं जानती ?"

दरोगाजी ने सुना और देखा। सरयू भी नाव की ओर ही देख रही थी। मन में आशा का संचार हुआ।

जब हुस्ना चली गई, दरोगाजी सरयू को पत्र लिखने लगे। उन्होंने एक बार लिखा और वही लिखा जो वे इससे पहले इक्कीस बार लिख चुके थे। छोटी जगह हाथ रखते थे और इसी के जोर-दबाव से आज तक सफल होकर जो उनमें अपने सौंदर्य, शक्ति और वैभव के प्रति दुर्दमनीय अभिमान था, वह फिर जाग उठा।

तीन

दीवानजी अपने फन में कम न थे। एक बुढ़िया को ढूँढ़ लाए। काम चल निकला। सरयू को पत्र मिलता। वह पढ़ती और उसके मन में तरह-तरह के विचार उठते। घर की दहलीज एक पहाड़ थी, जिसे लाँघ जाना उसके लिए असंभव था। दरोगा के अधिकार को वह जानती थी। लोग कहते थे, सब उससे डरते हैं। मन की स्पर्धा जाग उठी। उसने कुछ दिन चुप रहकर अंत में पत्र लिखा। यह आमंत्रण-पत्र था, 'आप मेरे घर किसी दिन स्वयं आइए। मैं कहीं नहीं आ सकती।' पत्र लिखने के साथ ही फाड़ दिया। एक सादा-सा लिखा, 'आपका लिखा पत्र मिला। राजी-खुशी हूँ।'

और उसके पत्रों की गिरिजाकुमार को कुछ भी खबर नहीं रहती। धीरे-धीरे दोनों ओर से दस-दस पत्र प्रश्न और उत्तर के स्वरूप में हाथों में बदल गए, फिर भी आग कोयले में ढकी रहती। सरयू का स्नान नदी-तीर पर अधिक होने लगा। दरोगाजी उसे अनेक बार वहाँ आकर अकेले देख गए, किंतु बोला कोई नहीं।

लेकिन वह मदभरी साँझ थी। दरोगा की आँखों में अजीब सुरूर था। सरयू के होंठ पर मुस्कराहट काँपकर उसको पराजित कर गई। वही पहले झुकी।

उसी दिन बुढ़िया ने कहा—"सरयू बेटी, रात को चलेगी ?"

"कहाँ ?" उसने आशंका से पूछा।

"आज तेरे पति की दावत है न ?"

"मुझे नहीं मालूम।"

"सुना है, दीवानजी ब्राह्मण हैं। उसी के घर। तू घर में अकेली रहेगी ?" सरयू के हाथ दरोगाजी का पत्र खोलने लगे।

रात हो गई थी। चाँदनी फैली हुई थी। वह चाँदनी जो आसमान से उतरकर फिर आसमान में समा जाती है। जिसके उजाले में दूधिया हिलोरें उठती हैं। जो छूती हैं, पर दिखाई नहीं देतीं। सरयू एकांत में घर के द्वार से सटी बैठी थी। किसी ने धीरे से द्वार थपथपाया। सरयू ने काँपते हाथ से दरवाजा खोल दिया।

दरोगाजी चुपचाप आए और चुपचाप चले गए। आधी रात का समय था। चारों ओर वही निस्तब्धता थी। वही शांति। सब लोग सो रहे थे। सरयू उदासमना चाँद देख रही थी। अभी तक उसके अंगों में एक अतृप्त दाह थी। जैसे ओक लगाकर बैठे प्यासे का गला भी तर नहीं हुआ था। जिस समय गिरिजाकुमार ने प्रवेश किया, वह करवट बदलकर उठ बैठी। वह डटकर खा आया था। कपड़े बदलकर पलँग पर लेट गया और थोड़ी ही देर में सो गया। सरयू देर तक जागती रही।

उधर दरोगाजी जब सरयू के घर से निकले, लपटें धू-धू कर जल रही थीं। यह मात्र वासना थी। वह विलास चाहते थे। हुस्ना का द्वार खटखटाया। शराब की तृष्णा अभी पूरी नहीं हुई थी। हुस्ना उन्हें ढाल-ढालकर पिलाने लगी। दरोगा नशे में झूमने लगा। उसने मदहोश होकर हुस्ना के गले में हाथ डालकर आँखें मीचे हुए कहा—"सरयू! तुम बहुत अच्छी हो। आज तक मैंने तुम जैसी स्त्री नहीं देखी।"

हुस्ना समझी नहीं। दरोगा बड़बड़ाता रहा—"आज की रात कितनी अच्छी है। ऐसे ही आया करूँगा चुपके से, ऐसे ही चला जाया करूँगा। किसी को कानों-कान खबर नहीं होगी। अगर किसी ने तुमसे कुछ कहा तो साले की चमड़ी उधेड़ दूँगा। हरामजादा!"

दरोगा जाने क्या कह रहा था। कुछ-कुछ समझ में आ रहा था। हुस्ना ने सुना और आश्चर्य से देखती रही। दरोगा उसकी गोदी में सो गया था। वह हँसी। ठीक है।

दूसरे दिन उसने देखा, दरोगा और भी ज्यादा पीकर आया था। उसके मुँह से टूटे-फूटे बोल निकल रहे थे। उसे स्वयं आश्चर्य हुआ। कैसी है यह स्त्री सरयू जिसके पास जाकर इस पशु की तृष्णा भी बुझने के बजाय दिन-दिन अधिक भड़कती जाती है। उसे उसके स्त्रीत्व से ईर्ष्या हुई।

चार

कई दिन बीत गए थे। दरोगा दिन-दिन बदनाम होता जा रहा था। एक दिन वह पीकर नशे में धुत्त नाली में पड़ा पाया गया। एक बार एक इक्के में तवायफों के गलों में हाथ डाले बीच बाजार जाते देखा गया। कई आदमी उसने व्यर्थ ही पिटवा दिए थे। दिन-रात चौबीसों घंटे नशे में डूबा रहता था।

उस दिन बुढ़िया ने सरयू से चलने को कहा। सुनते ही हृदय काँप गया। वह नहीं गई। दरोगाजी उस समय नशे में चूर बैठे थे। दीवान उनके पैरों के पास बैठा गाँव के लोगों की इधर-उधर की शिकायत कर रहा था। बुढ़िया की बात सुनते ही उन्हें तीर-सा लगा। बोले, "साली! पारसा बनती है! देखूँ तो इसे।"

बुढ़िया रोकती रह गई। पिस्तौल लगाकर एकदम सरयू के मकान पर पहुँचे और धड़ाधड़ चढ़ते चले गए। किसी से पूछने की भी आवश्यकता नहीं समझी। उस समय राह पर लोग चल रहे थे। पचास गज दूरी पर पानवाले की दुकान भी खुली थी। सरयू ने देखा तो चिल्ला उठी, जैसे घर में कोई चोर घुस आया था। वह इतनी आगे नहीं बढ़ी थी। दरोगा उस समय पशु की तरह उसे घूर रहा था। उसने पिस्तौल तानकर कहा, "खामोश! गोली मार दूँगा।"

सरयू हँसी और उसने हाथ फैला दिए। दरोगा उसके अंक समा गया। सरयू ने उसके हाथों को बाँध लिया और भयानक स्वर से चिल्लाने लगी।

सरयू की पुकार सुनकर इधर-उधर के लोगों का ध्यान आकर्षित होने लगा। वे सब इधर ही भाग चले। दरोगा उसके आलिंगन से छूटने का प्रयत्न कर रहा था। गालियाँ दे रहा था। उस धक्का-मुक्की में सरयू गिरी। लेकिन साथ ही दरोगा भी गिरा। पिस्तौल छिटककर अंधकार में दूर जा गिरी। लोग ऊपर चढ़नेवाले थे। दरोगा ने भय से काँपकर कहा—"सरयू, मुझे माफ कर ··· बीच में ··· मैं नशे में था ··· " सरयू हँस दी।

दरोगाजी भाग गए थे। सरयू ने उन्हें खिड़की की एक दूसरी छत पर कुदा दिया था। जिस समय लोग कमरे में घुसे, वह डर के मारे बेहोश पड़ी थी। गिरिजाकुमार को घर आने से पहले ही पानवाले की दुकान पर सब घटना सुना दी गई।

मुकदमा बनने लगा। इस तानाशाही के विरुद्ध पाँडे लोग एकाएक उठने लगे। उन्होंने मकान में घुसना और बुरी नीयत से घुसना, औरत पर हमला

करना, उसकी आबरू लेने की चेष्टा करना, न जाने क्या-क्या कानून मथ डाला।

दरोगाजी ने सुना तो हुस्ना की ओर देखकर कहा—"आबरू ? आबरू तो कभी की चली गई। तुम लोगों की कोई आबरू होती है ? बुलाने से गया था। जेब में देखो मेरी। खत रखे हैं उसके हाथ के।"

हुस्ना इस कठोर व्यंग्य को सुनकर चिढ़ गई। उसने कुछ नहीं कहा। सिर झुका लिया। गाँव की उड़ती हुई खबरें उस तक आ चुकी थीं। उठी और दरोगा की जेब से खतों का मुट्ठा निकाल लिया। फिर आकर चुपचाप वहीं बैठ गई। फिर शराब ढालने लगी।

दरोगाजी जैसे निश्चिंत थे। उन्हें कुछ भी याद नहीं था। हुस्ना के यहाँ से घर आकर उन्होंने और शराब पी। एक बोतल पी जाने के बाद दूसरी बोतल खोल डाली और गिलास में ढालने लगे। कुछ देर बाद सोडा खत्म हो गया तो पानी मिलाकर पीने लगे। आधी रात बीत गई थी। कल की हलचलों के बारे में मूढ़े के पास बैठकर चौकीदार गाँव की खबरें सुनाने लगा। वह एक-एक पत्ते की नसें गिननेवाला आदमी था। अफसरान की खुशामद करने में उससे बढ़कर शायद कोई नहीं था। बहुत दिन से गाँव में कोई बात न होने से वह ऊब गया था। मन-ही-मन दरोगा से घृणा थी, क्योंकि उसका एक नाइन से नाजायज ताल्लुक था। दरोगा अक्सर उस सिलसिले में उस पर बेहूदी फब्तियाँ कसता था। इस समय उसे मौका मिल गया! उसने कहा—"हुजूर! आपकी हुस्ना बीवी हैं न ? कहती थीं, दरोगाजी तो पिस्तौल भूल आए हैं वहाँ, नशे में थे। उन्हें क्या होश था ? भला यह भी भलमनसाहत है कि एक औरत को बदनाम करने की कोशिश करें। खतों का मुट्ठा बताते हैं। माना कि उसने खत लिखे थे पर उन्हें दिखाना तो निहायत अदना और कमीनी बात है।"

दरोगा को जैसे किसी ने जलती सिगरेट छुला दी। तमक उठे—"क्या कहा चौकीदार ?" उन्होंने आतुरता से पूछा—"क्या कहती थी ? मैं नशे में था ? अच्छा! यह दिमाग है ?" फिर अचानक ही उनका हाथ कोट की जेब पर गया और जेब खाली देखकर वह भयानक स्वर से चिल्ला उठे—"अच्छा ? यह मजाल! दीवान! जमादार! बुला सालों को। लगा दो हरामजादी के घर में आग।"

सिपाही इत्यादि सब एकत्र हो गए थे। इस आश्चर्य-भरी आज्ञा को सुनकर भी वे कुछ समझ नहीं पाए थे। शायद ज्यादा चढ़ गई थी। ऐसा लगा कि

दरोगाजी अब इस विरोध को अधिक नहीं सह पाएँगे।

तभी चौकीदार काँप गया-सा बोला—"हुजूर! यों न कीजिए। इससे तो हाकिमों तक खबर पहुँच जाएगी। बड़ा तूफान उठ खड़ा होगा!"

आग में घी पड़ा। दरोगा के आत्मसम्मान को ठेस लगी। वह क्रुद्ध हो उठा। आज्ञा आकाश के सूर्य के समान टँगकर चमकने लगी। चौकीदार मन-ही-मन मुस्कराया। थाने के बूढ़े पानी भरनेवाले ने भय से देखा और पीछे हट गया।

दरोगा ने चिल्लाकर कहा—"दीवानजी! यह हुक्म है। लगा दो उसके घर में आग। अभी जाओ। मुझसे दगा? मेरे नाम से आस-पास के हल्के थर्राते हैं!"

दीवान ने सुना और पुकार उठा—"खान सिंह!"

सिपाही ने कहा—"हुजूर!"

यह आज्ञा थी।

पाँच

और सचमुच उस रात में अचानक ही सिपाहियों ने हुस्ना का घर उसके सोते समय जाकर घेर लिया। तब धीरे-धीरे सुलगकर अंत में हुस्ना का घर धू-धू करके जलने लगा। आग की लपटें घान पर लोटतीं, हवा की चोट से जीभ लंबी करके हाँफती और फिर उनके हृदय का गुबार धुआँ-धुआँ बनकर कोठे के भीतर-बाहर घुटन पैदा करता, जिससे आँखें बंद हो जातीं और फिर अर्राती हुई आवाज करके लपटों की रोशनी हवा के पैर पकड़कर अँधेरे का पीछा करतीं और चारों ओर फैलती चली जातीं।

गाँववाले इधर-से-उधर दौड़ रहे थे। उनकी समझ में कुछ भी नहीं आया था। उन्हें भय था कि यदि आग नहीं बुझी तो औरों के घर जलने लगेंगे। बच्चे रोने लगे। औरतें चिल्लाने लगीं। मर्दों का कुएँ पर ताँता लग गया। हुस्ना बाहर खड़ी चुपचाप देख रही थी। उसकी आँखें स्थिर और निश्चल थीं। हाथ में एक छोटा-सा बक्स था, जिसे वह लेकर भाग आई थी।

हुस्ना की माँ रो-रोकर चिल्ला रही थी। उसकी तथा बेटी की सारी कमाई आज उसके सामने ही राख हुई जाती थी। देख-देखकर उसकी छाती फट रही थी।

इसी समय आग का कारण प्रकट होने लगा। चौकीदार ने चुपचाप खबर

फैला दी। आग लगानेवालों को लोगों में से एक बूढ़े ने जाते देखा था। दरोगा पर सबको क्रोध आ रहा था। क्या वह इतना निरंकुश है ?

"क्यों पाँडेजी, इस पर भी चुप रह जाएँगे ? ऐसे कोई लाट साहब का बच्चा नहीं है।"

पाँडे रामदीन सिर झुकाकर सोच रहे थे। उन्होंने उस पर राय न देना ही अधिक उचित समझा था। पर अब उन्हें कहना ही पड़ा—"तो यह कैसे तय कर लिया कि सरकार ने आग लगवाई है। कोई दुश्मनी थी ?"

गिरिजाकुमार मन-ही-मन क्रुद्ध थे। उन्होंने कहा—"कल इस पर गाँव में पूछताछ करके कुछ निश्चित करना चाहिए। यों तो काम कैसे चलेगा ?"

गाँववालों के विभिन्न मत थे। गिरिजाकुमार को आज देखकर लोगों में साहस हुआ। हुस्ना ने आगे बढ़कर कहा—'मैं कोई हूँ पर मेरी सात पुश्तों को गाँव ने पाला है। सारा गाँव गवाह है, मेरे घर में दरोगाजी ने आग लगवाई है।"

रात के अँधेरे में जब गिरिजाकुमार घर पहुँचा, देखा, तो सरयू घर पर नहीं थी। वह हतबुद्धि-सा बैठा रहा। इस समय उसका हृदय क्रोध और विक्षोभ से जलने लगा था। एक अज्ञात आशंका ने उसे भीतर-ही-भीतर बता दिया था कि वह कहाँ गई थी। घर का द्वार ऐसा उढ़का दिया था ! चाहे भले कोई चोर ही भीतर न आ जाता।

हठात् वह चौंक उठा। सामने ही सरयू खड़ी थी। दोनों में से कोई भी कुछ नहीं बोला। सरयू छत पर ही बैठ गई, जैसे वह थक गई थी। गिरिजाकुमार चुपचाप सोचता रहा।

सुबह ही पहली किरन फूटने से पहले उसने देखा, सरयू हाथ में स्नान के कपड़े लेकर नदी की ओर जाने की तैयारी कर रही थी। गिरिजाकुमार वेग से उसके सामने जा खड़ा हुआ और धीमे परंतु तीखे स्वर से—"कहाँ जा रही हो ?"

"हाँ।" छोटा-सा उत्तर उसके कानों में गूँज उठा।

'मैं आजकल यह सब क्या सुन रहा हूँ ?" उसने फिर पूछा।

सरयू ने धीरे से कहा—'मैं जानती हूँ, तुम मुझसे नाराज हो। उनका पिस्तौल छूट गया था। उसे वापिस देने जाना पड़ा।"

गिरिजाकुमार को लगा, पाँवों के नीचे से छत खिसक जाएगी। सरयू कहती रही—"बाकी तुम्हारे जिजमान थे, मेरा एक वही तो था।"

गिरिजाकुमार ने बात के वजन को समझा। वह खिसियाकर सामने से

हट गया। सरयू खड़ी रही। उसने अपनी बड़ी-बड़ी मदभरी आँखों से घूरते हुए कहा—"उनके पास मेरे खत थे। वह हुस्ना रंडी ने उड़ा लिए। तभी उसके घर में आग लगवा दी थी। समझे ? इस समय रोता छोड़ आई हूँ। तुम गवाही न देना!"

गिरिजाकुमार ने सुना और उसे लगा, आकाश और धरती मिलते चले जा रहे हैं। वह चक्कर खाकर बैठ गया। सरयू उसे होश में लाने लगी। गिरिजाकुमार ने आँख मीचे ही कहा—"सब कसूर मेरा है सरयू, सब कसूर मेरा है!"

"न तुम्हारा, न मेरा। मौके की बात है, और कुछ भी नहीं!" सरयू ने फुसफुसाकर उत्तर दिया।

छह

दूसरे दिन गाँववालों ने अचरज से सुना कि हुस्ना ने दरोगाजी पर दावा दायर कर दिया। उसने कुछ गवाह भी तैयार कर लिए। शिकायत ऊपर पहुँची। जुर्म काफ़ी बड़ा था। दरोगाजी की जमानत हो गई और मुकदमे का फैसला होने की प्रतीक्षा किए जाने का हुक्म हो गया और साथ ही तब तक के लिए दरोगा मुअत्तिल कर दिए गए। हेठी तो उनकी हुई पर दबदबा नहीं गया। लोग कहते हैं—"अजी हुस्ना उसका क्या कर लेगी ? वह एक बदमाश है। उसकी बड़ी-बड़ी ऊँची जगहों पर पहुँच है। देखिए, वह क्या-क्या करता है?"

दोनों ओर से कार्रवाइयाँ चलने लगीं। दोनों ओर से हड्डी चबाकर खाने में उस्ताद कुत्तों के-से वकील अपनी-अपनी राय देकर आग को भड़काने लगे।

नए दरोगाजी अधेड़ उम्र के आदमी थे। पुलिसवाला ठीक हो या गलत, उसकी इज्जत रखना अपनी शान समझते थे। उन्होंने पुलिस के सब मामलों को जहाँ का तहाँ दबा दिया। कचहरी के अमले-मुंशी रुपए की कटारी से ज़ख्मी हो गए और कुछ ही देर में उनका अधमरा ईमान दम तोड़ गया। उनके आने पर गिरिजाकुमार और पुराने दरोगाजी उनके घर पहुँचे। नए दरोगाजी ने सब सुना और हुस्ना के सतीत्व को नष्ट करनेवाली कुछ भारी-भारी गालियाँ दीं, जो किसी भी सधवा को आग में परीक्षा दे डालने को विवश कर सकती थीं। उन्होंने मन-ही-मन बातों को तराशा और असल को अपने दिमाग में नक्श कर लिया। गिरिजाकुमार जब घर पहुँचा, सरयू सामने आ बैठी। पूछा—"क्या हुआ ?"

"ठीक है। मैंने कहा, हुस्ना के यारों की नज़र मेरी बीवी पर पड़ गई थी। फुसलाना चाहते थे सो उनसे नहीं हो सका, तभी बदनामी उड़ाने लगे।"

सरयू ने पति को घूरकर देखा। ऐसे कि अनजाने ही वह पुरुष सकपका-सा गया।

"मुझे पहले ही से आस थी कि बात बन जाएगी।" सरयू ने दृढ़ता से कहा।

इसी प्रकार चार महीने बीत गए। शहर दौड़ते-दौड़ते दोनों तरफ के लोगों के पाँव छिल गए। हुस्ना के वकील ने मामले को इस प्रकार पेश किया : दरोगाजी अक्सर हुस्ना तवायफ के यहाँ आकर शराब पीते थे। इतनी पीकर आते थे कि बेहोश रहते थे, घर जाकर फिर पीते थे। अक्सर नालियों में पाए गए। हुस्ना उन्हें हमेशा समझाती थी। लेकिन वे अफ़सर थे और वह बेचारी दबती थी। एक रोज नदी में नहाती गिरिजाकुमार पाँडे की बीवी सरयू को देखकर दरोगाजी ने हुस्ना से कहा कि किसी तरह सरयू उनके हाथ लगे। हुस्ना कोई ऐसा काम करे। हुस्ना ने ऐसा करने से इन्कार कर दिया। दरोगाजी की नाखुशी वहीं से शुरू हुई। लेकिन उनका आना-जाना जारी रहा। उधर किसी तरह से सरयू को उन्होंने फाँस लिया और एक दिन जाग रहते ही रात में उसके घर चढ़ गए, जिस पर वह नाराज़ हुई। उसने इज़्ज़त बचाने को शोर किया। आप भाग आए। उसी तरह हुस्ना के घर शराब पी और उसे छेड़ा। मगर वह महीने से थी। उसने इन्कार किया। दूसरे दिन और नशा किया और उन्होंने हुस्ना के घर पर उससे जिना बिल जब्र किया और वहीं सरयू के खत गिरा आए। रात को खत मँगाने पर हुस्ना घर नहीं थी। उसकी माँ ने इस विषय में अपनी अनभिज्ञता प्रकट की। दरोगाजी ने सुना तो नशे में क्रुद्ध हो उठे। उसको मार डालने के इरादे से आधी रात को उसके घर में आग लगवा दी और उसका माल फुँकवा दिया।

गवाहों की लंबी कतार लग गई। हुस्ना का काम सुबह-शाम खुशामद हो गया और उसके शरीर पर वह लोग अपना हाथ रखने लगे जो कल तक उसे ऊँचा समझते थे।

लेकिन बहस में ही सफाई के वकील ने ऐसा काटा कि मामला कुछ भी नहीं बन सका। हुस्ना का वेश्या होकर अच्छी नसीहतें देना, गिरिजाकुमार पाँडे की पत्नी के हाथ के पत्रों का पेश होना जिसे लिखना छोड़ पढ़ना तक नहीं आता था, जिसकी गवाही रामदीन पाँडे जैसे गाँव के मुअज़्ज़िज आदमी ने दी है, तथा हुस्ना वेश्या जो पेशा करती है उसका बलात्कार का हल्ला

मचाना, जैसे वह कोई इज़्ज़तदार औरत थी, एक के बाद एक ऐसी बातें थीं जिन पर उपस्थित भीड़ कई बार हँसी। हुस्ना के गवाहों की हैसियत देखी गई। कोई भी भला आदमी न था। उधर बदमाशों ने एक इज़्ज़तदार पर्दानशीन औरत को बदनाम करने का मौका ढूँढ़ निकाला। आग खुद लगाई। सिपाही तो पहरा हमेशा हर वक़्त घूमकर देते ही हैं। यह तो कोई बड़ी बात नहीं है। वे तो आग लगी देखकर भागे-भागे आए थे। बातें सब ठोस थीं। डिप्टी साहब ने मुकदमा खारिज कर दिया।

दूसरे ही दिन हुस्ना पर हतक इज़्ज़त, झूठी रिपोर्ट, झूठा मुकदमा, झूठी शहादत पेश करना इत्यादि अनेक जुर्म लगाकर दरोगा ने मुकदमा दायर कर दिया। उधर गिरिजाकुमार ने भी बदनामी का केस बनाकर उस पर इस्तगासा ठोंक दिया।

हुस्ना ने सुना और उसके होंठ काँप उठे। सरयू का उसने भला करना चाहा था, वही उसके विरुद्ध हो गई थी, पर क्या वह अपनी बदनामी के मोल पर हुस्ना का भला कर सकती थी ? वह पर्दानशीन जो थी। हुस्ना रो पड़ी। उसका सब रुपया समाप्त हो चला था।

शाम धुँधली हो चली थी। जीत की खुशी में गंगा के पवित्र तीर पर रामदीन और गिरिजाकुमार भंग छान रहे थे, लेकिन सरयू घर पर नहीं थी। गिरिजाकुमार भंग के नशे में था। खाट पर जाकर घर में पड़ते ही उसका मन उड़ने लगा। आधी रात के समय जब सरयू लौटी उसके पाँव लड़खड़ा-से रहे थे। वह मुखर और प्रसन्न थी। आते ही बिना हिचकिचाए गिरिजाकुमार की खाट पर बैठ गई। पति ने देखा, वह झूम रही थी। वह नशे में थी। आज उसके मुख से हल्की-हल्की शराब की गंध आ रही थी। ऊँट करवट बदल चुका था ··· वह दरोगा के पास से आ रही थी ···

['51 से पूर्व]

भय

साँझ हो गई है, सूरज डूब गया है और आकाश से एक सूना-सा अंधकार उतरता चला आ रहा है। गाँव के रास्ते अब सुनसान होने लगे हैं। मोरों की केका कभी-कभी सुनाई दे जाती है और उसके बाद सन्नाटा घनी उसाँस लेकर एक लंबी अँगड़ाई लेता है और उसके अनंतर तह-पर-तह जमता सूनापन धीरे-धीरे बरसता-सा लगता है और ···

मुरली खाती ने अपनी आरी और अन्य औज़ारों को उठाकर रख दिया और एक बार ऊपर के अट्टे की ओर देखा। उस समय घरों से धुआँ उठ रहा था। एक उम्रदार औरत सिर पर घड़ा भरकर कुएँ से धीरे-धीरे लौट रही थी। उसने एक लंबा कश खींचकर हुक्के को तनिक आगे सरका दिया। फिर आकाश की ओर देखा ···

दूर कोई ललकार उठा। फुलवारी में से फटफटाकर कुछ पक्षी उड़े। मुरली ने सुना, कोई उत्तर में चिल्लाया। कान खड़े हो गए। इसके बाद कुछ लोग जोर-जोर से चिल्लाकर बातें करने लगे, जिनका कुछ भी अर्थ स्पष्ट नहीं था। हाँ, शब्द से इतना अवश्य मालूम होता था कि यह लड़कों का हुड़दंग नहीं है। फिर चटाचट आवाज आई। लाठियाँ बज रही थीं। मुरली उठकर खड़ा हो गया। एक बार मन किया, दौड़कर बीच-बिचाव करने जाए। फिर विचार आया, कोलियों का मुहल्ला उधर ही तो है। जरूर आपस में कहासुनी हुई है। जब वे ही लोग इकट्ठे नहीं हुए तो वह क्यों जाए ? वह क्या कोई उनकी बिरादरी का है ? न उनसे खान, न पान। फिर भी मनुष्य का हृदय था। उत्सुकता उसकी स्वाभाविक प्रवृत्ति थी।

कोई भयानक स्वर से चिल्लाया। किसी के ठठाकर हँसने का भीषण स्वर गूँज उठा।

"भागने मत दीजो पहलवान!" हाँफते हुए किसी ने ललकारा।

"अरे ले गई हरामजादी!"

"पकड़ ले साली को। आज इसे भी दो कर दें। इसी की लगाई आग है।"

फिर लाठियाँ बजीं। एक हृदय हिला देनेवाला स्त्री का करुण चीत्कार अंधकार में घिघियाकर बंद हो गया।

उसके बाद लीजो-दीजो हुई और बहुत-से स्वर उठने लगे। शायद भीड़ इकट्ठी हो गई थी। औरत-मर्द और बीच में बच्चों का आवेश भरा स्वर। कुछ नहीं। मुरली ने आवाज दी—"कौन है रे ?"

पड़ोस से बूढ़े सुखराम ने खाँसकर कहा—"क्या बात है ?"

"लगता है फौजदारी हो गई है।"

"देख तो क्या बात है।" सुखराम ने कहा और फिर वह स्वर ऐसा निस्तब्ध हो गया, जैसे बोलनेवाला भी अंधकार में एकदम डूब गया हो।

जिस समय मुरली ने देखा, रमल दयनीय मुख लिए सुबक रहा था और धूपो चिल्ला-चिल्लाकर, रो-रोकर दुहाई दे रही थी। केवल तुरसी था जो गंभीर बैठा था। लालटेन की धुँधली रोशनी में मुरली ने देखा—बूढ़ा पतला-दुबला, सूखा-साखा खून से भीगा हुआ था। उसके सिर में काफी चोट आई थी। तीन घाव लगे थे जिनसे समय बीत जाने के कारण खून अब गाढ़ा होकर धीरे-धीरे लीक पर इकट्ठा होता जा रहा था। बूढ़ा बिल्कुल निर्भय बैठा था।

चंदन दर्जी ने आगे झुककर अपनी राय में बिल्कुल डाक्टर की भाँति मुआयना किया और कह उठा—"उठ रे तुरसी! थोड़ा घूम ले।"

किंतु धूपो के हाहाकार में स्वर लय हो गया। स्त्रियों की राएँ पत्थरों की भाँति बरस रही थीं, जिनका कोई अर्थ नहीं था। मुरली के हृदय में एक पसीज उठी और उसने तुरसी का कंधा पकड़कर कहा—"तुरसी, सुनता नहीं है ? रमल की अम्मा क्या कर रही है ?"

एक अधेड़ स्त्री ने आगे बढ़कर कहा—"देखो, बिचारी के लट्ठ-ही-लट्ठ मारे हैं। डोकरी का सिर सूज गया है।"

मुरली ने देखा, धूपो की बाईं भौंह के ऊपर एक गुम्मड़ उछल आया था। बात का जैसे कहीं अंत नहीं था। अँधेरा बढ़ता जा रहा है। निर्बाध कोलाहल की कर्कशता से मोरों का आर्त्त स्वर अब फुलवारी से निकलकर गाँव के कुत्तों को चुनौती दे चुका था। अनेक मर्द इकट्ठे हो गए थे जो तुरसी से बारी-बारी से तथा एकसाथ सवाल पूछ रहे थे और वह चुपचाप सुन रहा था। उसकी आँखें ऐसी जल रही थीं जैसे खून से भीगा हुआ सूखे चमड़ेवाला मटमैला गिद्ध घूर रहा हो। एक बार उसने रमल की ओर देखा और क्रुद्ध

स्वर में कहा—"क्यों रोता है रे! कोई मर थोड़े ही गया है। है किसी में मजाल जो तेरा कोई कुछ कर सके ?"

"छोटा है, दहशत खा गया है!" धूपो की चोट दिखानेवाली स्त्री ने कहा। तुरसी चुप हो गया।

धूपो का क्रंदन बढ़ता जा रहा था। किसी ने डाँटकर कहा—"क्यों हाय-हाय करती है ? सुनने क्यों नहीं देती, आखिर बात क्या हुई ?"

तुरसी ने मुड़कर एक बार बुढ़िया की ओर देखा और उसके मुँह से जैसे बात फिसल गई—"औरत है!"

स्वर में स्नेह था। अटूट शक्ति थी। बुढ़िया चिल्लाना बंद करके आँखों के पानी को फरिया से पोंछने लगी, जैसे अभी भी उसका जीवन सार्थक है, अभी भी उसका मरद मरद है, डरा नहीं है। आगे बढ़कर आँचल पसारकर कहा—"ऐ कोई देखन-सुननहार ही तो देखे! डोकरा का सिर फोड़ दिया है—लहू की धार बह रही है · · ·"

फिर कंठ रुँध गया। बल लगाकर फिर बोल उठी—"कोई नहीं है हमारा गाँव में—मैं इस गाँव की बेटी लगती हूँ, आज तुम्हारे जीजा के सिर से लहू की धार बह रही है। · · ·"

बूढ़ा तुरसी उठ खड़ा हुआ। एक बार उसने आकाश की ओर हाथ उठाकर कहा—"उसने देखा है, इसने देखा है। किसने नहीं देखा। जो पीछे हँटेगा सो अपने बाप का पूत नहीं, इस अन्याव (अन्याय) का बदला लिए बिना नहीं छोड़ूँगा · · ·"

सुबकने की आवाज बंद हो गई। पतला-दुबला रमल माँ-बाप के पास आ खड़ा हुआ था। लोग सुन रहे थे। निर्भय स्वर से बूढ़ा सारे गाँव को चुनौती दे रहा था। उसके स्वर में प्रतिशोध की आग धधक रही थी।

बात बढ़ने को थी, उसका घटना हर प्रकार से असंभव था। धूपो ने घर में झाँककर देखा। धुँधला दीपक जल रहा था और डरी हुई रमल की बहू रतनी बैठी थी। उल्टे मुड़े हुए घुटनों पर उसका सिर रखा था और शायद वह चुपचाप रो रही थी। धूपो उसके पास चली गई और थोड़ी देर उसे घूरती रही, जैसे उसके पास वे कठोर शब्द हैं ही नहीं जिनके रतनी अपने आपको योग्य साबित कर चुकी है। फिर उसने धीरे-धीरे द्वार की ओर अच्छी तरह देखकर और यह तय कर कि कोई निकट नहीं है, कहा—"कुलच्छनी! तेरे

पीहर में यही होता था ? मैं तो पहले ही कहती थी कि तेरे गाँव में यही एक काम होता है !"

रतनी ने कुछ नहीं कहा। चुपचाप शायद रोती ही रही। सिर भी नहीं उठाया। वह जिसकी आशा में थी, अब वही तो हो रहा था। बच्चा बीमार हो जाए तो सुश्रूषा-स्नेह के साथ क्या उसे डाँटा नहीं जाता कि इतना क्यों खा रहा है ?

किंतु धूपो इतने पर ही नहीं रुकी। उसने उसके कंधे को झकझोरकर विषाक्त स्वर से झल्लाकर कहा—"तू जरूर उसे चमक दिखाती होगी झमको। मैं तो उसी दिन खेत में उसे गाते हुए देखकर समझ गई थी। पर मैंने कुछ कहा नहीं। घर की बहू है तू, कल तेरे बूते बंस चलेगा और तू मेरी जगह लेगी, सो तनिक न सोचा गया तुझसे ?"

एक बार रतनी ने सिर उठाकर बुढ़िया की ओर दयनीय नेत्रों से देखकर कहा—"पर मैं क्या करती ? वे तीन थे। दो ने मुझे जबरदस्ती पकड़कर मेरे मुँह में कपड़ा ठूँस दिया। मैं चिल्ला भी नहीं सकी। और तुमने देखा तो हल्ला क्यों किया ? जब बचाने की ताकत न थी तो बेआबरू करके ही तुम्हें क्या मिल गया ?"

और रतनी की आँखों के आँसू टप-टप करके टपक पड़े। वह जैसे अवरुद्ध हो उठी थी।

बुढ़िया इस अप्रत्याशित उत्तर से एकदम चौंक उठी। उसने फुफकारकर कहा—"तो तुझे यारों के साथ गुलछर्रे उड़ाने को छोड़ देती, तेरे गाँव में होता होगा ऐसा। नहीं होता हमारे। समझी ? हमारे ऐसा नहीं होता। क्या समझी ? हाय, परमात्मा सुन रहा है। क्या कह रही है ? और तेरे मुँह में आग लगे · · ·"

मन में आया कि रतनी को दौंचकर धर दे, किंतु बात खुल जाने के भय से विवश हो क्रोध से अपना सिर पीट लिया। यदि वह उस पर हाथ छोड़ती है तो अभी यह सारा गाँव चिल्ला-चिल्लाकर इकट्ठा कर लेगी और जो देखेगा सो जानेगा और थू करेगा। यह बात तो कैसे भी छिपानी ही होगी। किंतु उसके शरीर की चोटें दुख रही थीं। क्या करे वह ? दीप काँप रहा था। अँधेरे पर जैसे उँगली हिलाकर कुछ मना कर रहा हो, ऐसा नहीं, ऐसा नहीं। परंतु धूपो यह नहीं सोच सकी। उसके दिमाग में एक भयानक उथल-पुथल थी। उसने निराशा से ऊपर देखा जैसे भगवान से प्रार्थना कर रही हो, किंतु भगवान इन कचहरियों से कभी का निकाला जा चुका है।

बुढ़िया का कर्कश किंतु धीमा स्वर फिर खिसकने लगा · · · 'अब न हम इधर के रहे न उधर के। इस वक्त भी तो कुंदन आया था ?"

"आया था। मैंने द्वार नहीं खोला।"

"पर हमें तो खुला ही मिला था हरामजादी !"

रतनी रनरना उठी। मन में आया, प्रतिवाद कर उठे। किंतु फिर सिर झुकाकर कहा—"शोरगुल सुनकर खोल दिया था।"

"खोल दिया था कि आ जा। अब क्या धरा है। जो इज्जत थी सो तो लुटा ही दी। बेटी, दूध कैसा ही हो, है तो दूध ही। गरम तन पर पड़ेगा तो जलाएगा ही।"

रतनी ने तड़पकर कहा—"तो इंतजाम कर दिया होता पहले ही। मैं नहीं जाती थी खेत पर। तुम ही कहती थीं कि हाथ पर हाथ धर खा रही है · ·"

"तेरा सत्यानास हो जाय · · · " कुछ बेहूदी और अश्लील गालियाँ फूट निकलीं और क्रोध से बुढ़िया दाँत किचकिचाकर उठी। एक बार रतनी ने आग्नेय नेत्रों से देखा। क्या है तो ? डरती है वह किसी से ? जिसमें उसका बस नहीं, उसमें उसका क्या दोष। आँसू पोंछ लिए। फिर सिर उठा दिया। किंतु अपराध की छाया अभी भी भीतर का संकोच बिल्कुल ही मिटा नहीं पाई थी।

रतनी खड़ी हो गई। उसका यौवन उसके अंग-अंग की श्यामलता में झलक रहा था। उसने सिसकते हुए कहा—"तुम्हारे एक बेटी होती और उसके साथ ऐसा ही होता तो तुम उसे माफ न कर देतीं ? हमारे गाँव के मरद ऐसे नहीं होते। तुम्हारे भैया ही ऐसे थे तो पहले ही कह देतीं।"

धूपो का हृदय आर्द्र वेदना से पसीज उठा। कुंदन एक भयानक पिशाच के रूप में कल्पना में आ गया। आखिर रतनी करती भी तो क्या ? कुंदन तो रमल का दूर का मामा लगता था। उससे क्या ऐसी आशा थी। स्त्री के साथ बलात्कार की इस विभीषिका की कल्पना ने उसके स्त्रीत्व की करुणा को जगा दिया, किंतु संस्कारों ने कहा—ऐसी स्त्री भी त्याज्य है, वह छिनाल है। और घृणा ने बढ़कर उसके पूर्वविश्वासों को बल दिया। उसके बेटे की ऐसी बहू ? जगत धरेजा मर जाए तो · · · श्राद्ध करती पर उसके पूत के गले में चक्की का ऐसा पाट डला रहेगा तो वह कितने दिन पानी से बाहर रहेगा। और फिर उसी के खानदान पर ऐसी कठोर बात कहने का दुस्साहस कर रही है यह लड़की ? उसने कहा—"तो ऐसी ही रानी थी तो चली जाती किसी बामन-ठाकुर के सौत ! यहाँ नहीं निभेगी ऐसी। कुलटा ! हरामजादी,

तेरी माँ करती होगी ऐसा · · · ”

रतनी लहरकर खड़ी हो गई और उसने तीखे स्वर से कहा—“अब मत कहना ऐसी बात !”

किंतु धूपो क्रोध से पागल हो रही थी। उसने होंठ काटकर कहा—‘निकल जा यहाँ से राँड · · · ”

किंतु वाक्य पूरा नहीं हो सका। कहते-कहते बीच में ही रुक गई और अबद्ध-सी होकर कहने के साथ ही जीभ काट ली।

अपने पुत्र की मृत्यु की इच्छा कर रही है वह! वैसे तो न जाने कितनी बार यह शब्द कहा होगा किंतु इस बार तो उसने जैसे वह शब्द एक भयानक सर्प बनाकर मुँह से निकाला था जो उसी के सुख-स्वर्ग को डस लेना चाहता था।

रतनी निर्भय खड़ी रही। उसने सिर उठाकर कहा—“तो धर रखो अपनी-अपनी गिरस्ती। मुझे नहीं रहना है। भगवान जानता है, मैं निरदोष थी और अब भी निरदोष हूँ। मैं नहीं डरती किसी से। ऐसे घर में नहीं रह सकती मैं। सब तरह की गुलामी कर सकती हूँ पर रहूँगी ब्याहता बन के। रखना था रखा, नहीं पटती तो जाती हूँ बाप के घर। मुँह दिया है तो खाने को न देगा · · ·!”

इसी समय द्वार पर रमल दिखाई दिया। रतनी हाँफ रही थी। उसकी आँखों में अपमान, विवशता, प्रतिशोध और दया की भीख—सबको एक चुनौती ने दाब दिया था, जैसे वह किसी से नहीं डरती।

“क्या हुआ ?” रमल ने संदिग्ध स्वर से पूछा।

“जा रही है बाप के घर !”—बुढ़िया फुंकार उठी।

“जा रही है बाप के घर ?—रमल ने बात को धीरे-धीरे तोड़कर दुहराया, फिर बढ़कर कहा—‘मैं नहीं रोकता। पर एक बात पूछता हूँ, जवाब देगी ?”

रतनी ने कुछ नहीं कहा। सिर झुक गया।

“पूछता हूँ”,—रमल ने आगे बढ़कर कहा—“इस घर में तू क्यों आई थी ? किस नाते आई थी ? फिर आज छोड़कर क्यों जा रही है ? यही है तेरा ईमान ?”

स्वर एक बार काँप उठा—“औरत औरत को क्षमा नहीं करती, नहीं सुहाती।”

‘मैंने तो कुछ नहीं कहा। और यह मेरी माँ है। दो बात तू नहीं सुन सकती ?”

उस दिन ढोल-ताशे बजे थे। धरम ने उस दिन उसे पति दिया था। वही तो उसका कमेरा था, मालिक था। रतनी ने सुना; वह कह रहा है जो पूरी बिरादरी में हाथ पकड़कर लाया था। सारे गाँव में गीत गाए थे उस दिन। लुगाई का और क्या सुख है, क्या धरम है, क्या पुण्य है। दो ठोकर भी दे तो क्या, वह पाँव अपना ही नहीं है ? क्या कहेगी दुनिया, जो चली जाएगी वह ? फिर क्या सुख है उसे संसार में ?

अभिमान अब भी आगे ठेलना चाहता था, वह जो सरलता से कभी सिर नहीं झुकाता। किंतु दोनों ही पैरों ने आगे बढ़ने से जवाब दे दिया। रमल सामने खड़ा है। उसका भी तो कोई कुसूर नहीं। बदनामी हो रही है, तभी तो उसे गुस्सा आया। फिर भी उसने कहा ही क्या है ? आदमी कहाँ है वह ? देवता है। और कोई होता तो दो लात देकर निकाल देता। पर क्षमा कर दिया है उसने।

मन कचोट उठा। आँखों की राह अभिमान का विष बह गया, वही जो शक्ति बनकर ताप की भाँति था। कटे पेड़ की भाँति वहीं गिर गई और फूट-फूटकर रो उठी। कहाँ से लाती इतना साहस कि उसे ठोकर मार जाती ?

रमल ने देखा और चुपचाप बाहर चला गया। धूपो ने एक दीर्घ निःश्वास लिया।

बाहर अभी भीड़ थी। अब सब अपनी-अपनी राएँ दे रहे थे। कुंदन और उसके साथियों को सभी भला-बुरा कह रहे थे। अँधेरे में ऐसा कायर हमला किया और सो भी जब बाप-बेटा निहत्थे थे। रमल तो भाग गया किंतु धूपो लाठी की चोट खा गई। नामरद। औरत पर भी हाथ छोड़ते नहीं हिचकिचाए?

"रमल !"—तुरसी ने अचानक ही कहा।

पुत्र ने पिता की ओर देखा।

तुरसी ने कहा—"आज तैने वंश की नाक कटा दी। मर क्यों न गया पैदा होते ही कमीन !"—और दाँतों से जीभ काट ली। जैसे कुछ कहना चाहकर भी कहने में असमर्थ था। चारों ओर देखा, कोई जान तो नहीं गया। रमल ने सिर झुका लिया।

बूढ़ा क्रोध से काँप रहा था। उसने फिर कहा—"इसका बदला लेना होगा, समझा ? साला होगा अपने घर। मैं नहीं किसी का जीजा, समझा ? चक्की

पिसाऊँगा, बेटा से चक्की !"

धूपो ने स्नेह से रक्त की ओर हाथ में कपड़ा लेकर इंगित किया—"अब ये पनाले चल रहे हैं, इन्हें तो रोको। राम-राम, सारी देही निचुड़ गई। यह भी नहीं देखा कि बूढ़ा है !"

"हैं, हैं, क्या करती है। पुलिस में रपट करूँगा। वहाँ क्या दरोगा बिना खून देखे विश्वास कर लेगा ?"

कितना कठोर सत्य था। बिना रक्त देखे वह कैसे विश्वास करेगा।

किंतु तब तक ऐसे ही रक्त बहता रहेगा ?

उठा हुआ हाथ झुक गया। तुरसी ने फिर कहा—"डागदरी (डाक्टरी) मुआयना कराके तब पोंछूँगा इसे। घबराती क्यों है ? मुफत में खून गिरा है तो मुफत ही छोड़ दूँगा बेटा को !"

वृद्ध की प्रतिहिंसा स्थिर पाषाण-सी हो गई थी। वह अब न गाली दे रहा है, न उत्तेजित है। गुस्सा ठंडा होकर रगों में व्याप गया है, जिसमें रक्त से भी अधिक शक्ति है।

"सारा गाँव गवाही देगा", तुरसी ने विश्वास से कहा—"साँच को आँच क्या ? पापी की खैर करे तो भगवान का नाम काहे का। मैं नहीं छोड़ूँगा !"

वह उठ खड़ा हुआ। किसी में भी विरोध करने का साहस न था।

जिस समय वे दरोगाजी के पास पहुँचे, सिपाही ने कहा—"कुंदन आया था। दो सौ दे गया है ?"

"दो सौ !" तुरसी ने लड़खड़ाती जबान से कहा।

सिपाही ने सिर हिला जता दिया।

"तो तीन सौ मैं दूँगा", तुरसी ने सिर उठाकर कहा—"भले ही लड़ाई की नफाई भी उठ जाये !" वह क्रोध के कारण अंधा हो उठा था।

"मैं कहे देता हूँ !" सिपाही भीतर चला गया।

धूपो ने एक बार शंकित नयनों से देखा।

भीतर बुलाकर दरोगा ने गंभीर स्वर में कहा—"सो तो ठीक है, जा डाक्टरी मुआयना करा ले। कुछ लड़की-वड़की का किस्सा तो नहीं है ?"

"नहीं हुजूर !"

किंतु दरोगा घिसा हुआ था। उसने मुस्करा कहा—"तो फिर फौजदारी क्यों हुई ?"

"हुजूर", तुरसी ने कहा—"लड़ाई में कमा लिए हैं साले ने। गेहूँ पचाने को लोहे का पेट चाहिए !"

दरोगाजी बोले—"मामला बना दूँगा।" और वे उठकर भीतर चले गए। तुरसी बैठा रहा। धूपो को इंगित किया। उसने धीरे से रमल से कहा—"बेटा, घर जाके रुपया ला। तुझे मालूम है कहाँ धरे हैं ?"

किंतु रमल में इतनी शक्ति कहाँ थी कि अकेला अँधेरे में घर तक आए। कौन जाने राह में ही कुंदन के यार-दोस्त खड़े हों और अभी-अभी तो वे यहीं थे। यहीं कहीं छिपकर खड़े होंगे। धूपो किंकर्तव्यविमूढ़ हो गई।

रमल ने सुना और वैसा ही बैठा रहा, जैसे उसमें जीवन ही शेष नहीं रहा।

धूपो ने करम ठोंक लिया। एक ओर पति, दूसरी ओर पुत्र। दोनों की ही जान को खतरा था। किंतु पुत्र के भय में पिता की उपेक्षा करने का कितना भारी साहस था, पुत्र या कि वह खिलौना! और पति का स्नेह दब गया। वह तो मरद है।

और पिता को क्रोध और स्नेह ने अभिभूत कर दिया। स्नेह इसका कि पिता की छाया है तभी तो अपने को बालक समझता है, जानता है जब तक बाप है तब तक उसके ऊपर लोहे का हाथ है और क्रोध इसका कि कमबख्त ऐसा डरपोक है। लीजो हाथ में लाठी, फिर जुट जाए सारा गाँव एक तरफ, पर वह जवानी के दिन चले गए। लाचार उसने सिपाही की ओर देखा।

वह उठा। सिपाही को साथ लेकर पहले घर गया। पीछे-पीछे लालटेन लिए धूपो थी। बीच में रमल। घर जाकर उसने पाँच-पाँच के गिनकर साठ नोट सिपाही के हाथ में दिए और पैर पकड़ लिए। सिपाही के मुँह से कुंदन के लिए गाली निकली!

"अब कुंदन ज्यादा दे जाए तो ?" धूपो ने प्रश्न किया।

"जमादार हमारे हैं।" तुरसी ने केवल इतना ही कहा।

डाक्टर उस समय सो रहा था। जाकर जगाया गया।

उसने घाव देखा। एक घाव पूरे डेढ़ इंच का था। रक्त पोंछते ही दरार साफ दिखाई देने लगी।

डाक्टर ने सुनाकर कहा—"कुंदन! इतनी हिम्मत ? सरकार का राज उठ गया क्या ?"

वह हँसा। और पट्टी बाँधने लगा। वृद्ध वज्र की भाँति खड़ा रहा। अविचलित, जैसे कुछ हुआ ही नहीं।

इसी समय नौकर ने इशारा किया।

डाक्टर भीतर चला गया। नौकर ने धीरे से कहा—"डाक्टर साहब, अभी

वह आया था। मैंने कह दिया, सो रहे हैं। मुझे क्या खबर थी, यह बात होगी। कहता था तुझे खुश कर दूँगा। हुजूर · · ·!"

"कौन था ? कहता क्यों नहीं ?" डाक्टर ने झुँझलाकर कहा।

"कुंदन था"—नौकर ने काँपते स्वर से कहा।

"कुंदन", डाक्टर ने कहा—"क्या कहता था ?"

"जो माँगेंगे सो दूँगा।"

"अरे!" डाक्टर के मुँह से हठात् शब्द फूट निकला। कैसा सुनहला मौका हाथ से आकर निकल गया। खरे दो सौ दे जाता। सारा मुकदमा उसी के हाथ में है। अगर वह रिपोर्ट में जरा-सी गड़बड़ी कर दे तो एड़ी-चोटी का जोर लगाकर भी तुरसी कुछ नहीं कर सकता। दबा हुआ है कुंदन इस वक्त। इशारे की बात है। तो वह उसे टाल दे और कुंदन को बुलवाकर एक बार उससे बातचीत तो कर ले। ईमान का सौदा है। उसने क्या सजा लायक काम नहीं किया ?

किंतु अंतरात्मा एक बार क्रंदन कर उठी।

तुरसी का जर्जर शरीर आँखों के सामने घूम गया। वह अकेला है, दरिद्र है। क्या वह इतने भयानक घाव को भी घाव नहीं लिखेगा ? क्या उसकी प्रतिज्ञाएँ सब व्यर्थ हो जायँगी ? पाप का नतीजा कौन नहीं भोगता!

डाक्टर ने स्थिर स्वर से नौकर से झुककर कहा—"जाकर कह दे, फीस दे दस रुपए—ज्यादा लूँगा, अच्छी मनचाही रिपोर्ट लिखा दूँगा। गरीब आदमी है। उसका क्या किसी को भी साथ नहीं देना चाहिए ?" नौकर चला गया। डाक्टर अपने मन में प्रसन्न थे। नौकर तब तक सिपाही को समझा चुका था।

डाक्टर लौट आया। उसने धूपो की सूजन पर अपने हाथ से टिंचर आयडिन लगाई और आश्वासन दिया कि गरीबों का संसार में ऐसा नहीं कि कोई हो ही नहीं। इतना बड़ा घाव तो उन्होंने बरसों से नहीं देखा था और सारा गाँव देखता रहा। किसी ने भी कुछ नहीं कहा। उधर सिपाही अपनी बात कह चुका था। तुरसी ने सुना और समझा। उसने चुपचाप स्वीकार कर लिया। जैसे सेर वैसे सवा सेर। लुट जाए, मगर कुंदन की मस्ती झँझोड़कर निकाल दूँगा।

सिपाही ने हँसकर कहा—"घबरा मत। सब वापिस मिल जाएगा।"

तुरसी ने निर्विकार हृदय से अनुभव किया।

रात को सिपाही तुरसी के घर ही सो रहा। घर का एकमात्र मैचा (बड़ी

खटिया) उसके लिए बिछा दिया गया था।

रात का तीसरा पहर ढल चुका था। आसमान में तारे अब फीके पड़ चले थे। हवा बाहर सनसना रही थी।

बूढ़ा बड़ी देर तक बैठा रहा। पट्टी सिर पर बँधी थी। धूपो ने खटोला डालकर तुरसी को अपने सिर की कसम देकर लिटा दिया। अब सिर में दर्द होने लगा था। वृद्ध कराह उठा। रात के अंधकार में उस एकांत में जैसे पत्थर, वह जो अब तक कठोर पत्थर था, अब चटक उठा था।

रमल करवट बदलकर लेट रहा। सिपाही खर्राटे भरकर सो रहा। और तुरसी सोच रहा था—रिस-रिसकर जमा किए थे सो एकदम ही उठ गए। जैसे वे उस खेत पर पहरा दे रहे थे जिसे जंगली सुअर खा चुके थे। भयानक बेचैनी। कौन जाने फिर कब हमला कर दे।

उस रात कोई नहीं सोया।

भोर हो चुकी थी। तीन दिन से तुरसी खाट से नहीं उठा था। सारी देह टूट रही थी। धूपो रात-दिन वहीं बैठी रहती। सारे गाँव में संवाद बिजली की भाँति फैल गया था, किंतु आपस में बहस करके भी सब अपना अज्ञान ही प्रकट करना चाहते थे कि वे दूसरों के विषय में कुछ भी नहीं जानते। उनकी राय में दूध का धुला कोई नहीं है और रमल की बहू के पीछे झगड़ा हुआ है, सबका यही अंदाज था।

गाँव के पंडितजी और मास्टर साहब दोनों ही ने कुंदन को सामने देखकर एक दूसरे की ओर भेद-भरी आँखों से इंगित किया। वे सब जानते थे। फिर भी पूछा—"कैसे आया कुंदन ?"

कुंदन पैर छूकर बैठ गया। पगड़ी उतारकर पाँवों पर रख दी [illegible] कह गया कि—"पहले दंगा शुरू करके जब तुरसी पिट गया तो पुलिस में [illegible] है। दरोगाजी उस पर मेहरबान हो गए हैं। महाराज, मैं तो कहीं का नहीं रहा।"

"देखा भाइ कुंदन, दरोगा का मामला है ··· इसमें", पंडितजी ने स्वर लंबा करके कहा—"हम बोलनेवाले कौन ?"

"तो महाराज, अब मेरा कौन है ? मैं कहाँ जाऊँ ? कहो तो गाँव छोड़ जाऊँ ?"

पंडितजी पिघले। एक ओर भय था, दूसरी ओर ब्राह्मणत्व का अभिमान

जिसमें से थोड़ा-सा, अपनी विद्या के बल पर छोटी-सी ही सही, अर्जित सम्मान प्राप्त कर, गाँव के मास्टर साहब ने बाँट लिया था।

उन्होंने मास्टर साहब की ओर देखा। दोनों ने फिर इंगित किए और पंडितजी ने ऋषि विश्वामित्र की भाँति अभय देकर कहा—"तो संझा को आज तय कर देंगे।"

जैसे जीवित ही त्रिशंकु को स्वर्ग पहुँचा देंगे।

शाम को जब गाँव के दस मुअज्जिज़ आदमी इकट्ठे हुए तब दोनों पक्ष आ गए। तुरसी की बातें उठी-उठी थीं। कभी कहता था, सारे गाँव के आगे पाँव पर पाग धर दे, माफ कर दूँगा।

जिसका जवाब लोग देते थे—साले की बहनोई के सामने क्या इज्जत। जब घर की बेटी ही ब्याह दी, जिसकी माँ ने पाँव पूज दिए, उस घर का बेटा क्या पाँव छूने में हिचकिचाएगा ?

तुरसी के आत्मसम्मान को भीतर-ही-भीतर संतोष होता। धूपो चुप बनी रहती। लोगों के सामने रोती कि कैसे बूढ़ा तुरसी तीन दिन तक निराहार खटोले पर पड़ा-पड़ा कराहता रहा और इस प्रकार उनकी करुणा की भीख पाने की अभिलाषा रखती। परंतु गाँववाले इस कान से सुनते उससे निकाल देते।

"तुरसी !" पंडितजी ने कहा।

"हाँ महाराज !" तुरसी ने हाथ जोड़कर हाजिरी दी।

"हमने सुना है तुझसे कुंदन का झगड़ा हो गया।"

"पूछ लो महाराज, वह क्या कोई दूर है ?" तुरसी ने ताना मारते हुए कहा।

"कुंदन", पंडितजी ने मुड़कर कहा—"सुन रहा है ?"

कुंदन का सिर झुक गया।

"क्या कह रहा है तुरसी, सुना ?"

कुंदन ने सिर हिला दिया।

"हाँ", कहकर पंडितजी ने बढ़ावा देते हुए कहा—"बोलता क्यों नहीं है ?" और कुंदन की धीमी-सी हाँ सुनकर पंडितजी ने फिर मुड़कर कहा—"हाँ भाई तुरसी, तो झगड़ा हुआ क्यों ?"

तुरसी ने कुंदन की ओर देखा, कुंदन ने तुरसी की ओर। कुंदन का हृदय उछल रहा था। क्या कहेगा तुरसी ? चाकू खरबूजे पर गिरे, या खरबूजा चाकू पर, मौत खरबूजे ही की है। इतनी बड़ी बदनामी की बात

कह सकेगा तुरसी ? और यदि नहीं कहेगा तो कहेगा क्या ?

और तुरसी उसे ऐसे देख रहा था, जैसे कच्चा ही चबा जाएगा।

"कौन जाने साहब", तुरसी ने अभिमान से कहा—"जाने कब की दुश्मनी निकली है। हमने तो कुछ कहा नहीं।"

यह बात न जमनेवाली थी, न जमी। आखिर कोई तो वजह रही होगी। कुंदन कैसा भी हो, पागल तो नहीं है।

मास्टर साहब ने मूँछों पर नीचे की ओर हाथ करते हुए कहा—"भाई यह भी कोई बात रही, आखिर तू कोई उसका गैर है, अरे तेरा तो वह साला है· · ·"

तुरसी ने तड़पकर कहा—"मेरा नहीं है कोई साला, न बहनोई। हम तो इस गाँव में अकेले हैं। मैं तो जेल भिजवाकर रहूँगा। मुरव्वत तो उससे जो अपना हो, और जिसने घर में न रखी तो उससे कैसी रसम ?"

उसके स्वर का संघर्ष व्यक्त था। एक लरज थी, एक जुंबिश। पर हो तो क्या ? बात खत्म होते-होते सुननेवाले ने एकदम कहा—"ऐसी क्या बात कही भाई तुरसी ! एक गाँव में रहना है, एक जगह घर है। फिर भाई, समझौता तो दोनों ओर से झुके का नाम है।"

पंडितजी ने हाथ फैलाकर कहा—"कह दो मन की बात। यों बजती है यों, दोनों हाथ से · · ·"

और उन्होंने ताली बजाकर दिखाई।

कुंदन सिर झुकाकर मुस्कराया।

"समझौता करोगे ?" और उन्होंने कुंदन की ओर देखकर कहा—"चोट तो तुरसी के लगी है। हरजाना तो तुझे देना ही होगा, चल धर दे इधर · · ·।"

कुंदन ने पैंतालीस रुपए पंडितजी के पैरों पर रख दिए।

"कितने हैं ?"

"महाराज, पाँच कम पचास।" पंडितजी के नयन फैल गए। तुरसी अडिग रहा।

मास्टर साहब अंग्रेज़ी भी थोड़ी पढ़ ही गए थे। जानते थे, कानून तब कानून बनता है जब उसके पीछे डंडे की मार होती है, वरना भैया कहने से कभी कोई अपने आप स्वीकार नहीं करता। समझदारी ही से काम लेना चाहिए। उन्होंने मूँछें थपथपाकर कहा—"पर मुक़दमे को क्या तू आसान समझता है ? बरसों की पिट जाएगी, बरसों की।"

पंडितजी ने सिर हिलाकर कहा—"तू नहीं जानता, मुकदमेबाजी खेल नहीं

होती। लड़ाई में कमाई की है तो उसे कल के काम के लिए बचाकर रख भाई! यह तो ऊँची जातों के काम हैं। बनिया हुए, बामन-ठाकुर हुए।" और मुड़कर कहा—"कभी कोलियों के भी मुकदमे सुने हैं भाई ?"

उपस्थित समाज हँस उठा।

मुरली ने सिर हिलाकर कहा—"और क्या भइया! एक रात में कितने ही उठ गए होंगे। तेरे गवाह हैं ?"

तुरसी ने आँखें तरेरकर कहा—"भगवान की सौगंध, सारे गाँव ने देखा। परमात्मा की गवाही सबसे बड़ी गवाही है। जो गाँव धरम ही छोड़ दे तो मैं भी सब छोड़ बैठूँगा।"

किंतु इस बात का कोई प्रभाव नहीं पड़ा।

"हम तो भाई चाहते हैं, आपस का झगड़ा आपस में ही तय हो जाय। अब उसकी श्रद्धा ही इतनी है तो यही सही", और मास्टर साहब ने रुपए उठाकर धूपो की ओर फेंककर कहा—"समझौता तो होकर रहेगा। मानने की बात है भाई! सारा गाँव कह रहा है। दस भले आदमी इकट्ठे हुए हैं। क्या नाम, ऐसी कोई डकैती तो है ही नहीं। रही रुपए की बात, तो यह रहे पचास रुपए। अब देख तुरसी, तेरा भी तो साला है · ·"

किंतु तुरसी सोच रहा था। क्या यही उसके अपमान का बदला है। कह कुछ सकता नहीं। सारे गाँव से दुश्मनी लेने का सवाल है। वह चुप हो रहा।

मास्टर साहब ने धूपो की ओर देखकर कहा—"तो बस उठा ले · · "

धूपो ने तुरसी को देखा। उसने तो मना नहीं किया। रुपए उठा लिए। मास्टर साहब जानते थे कि किले का कौन-सा हिस्सा सबसे कमजोर है, जिसे सबसे पहले तोड़ा जा सकता है।

किंतु तुरसी गंभीर बैठा था। सारी सभा अतृप्त थी। यह भी कोई फैसला हुआ ? किंतु कुंदन ऐसे बैठा था जैसे सागर से मोती बीन लाया हो।

संतोष दोनों में से किसी को भी नहीं हुआ। अभी भी कुंदन का भय दूर नहीं हुआ था। अभी भी तो तुरसी पुलिस का पासंग लेकर भारी हो रहा था।

साँझ हो चली थी। जाकर पंचों के पाँवों पर पाग धर दी और पंचायत इकट्ठी करने का न्योता दे दिया, किंतु न खुशामद की, न एक रुपया ही दिया। तुरसी की निर्बलता वह देख चुका था। बातें आवश्यकता से भी

अधिक मीठी करके जिस समय वह लौटा, यारों ने दूधिया छानी।

धीरे-धीरे गाँव-भर में, बिरादरी में खबर फैल गई। रात-भर औरतें दिमाग लड़ाती रहीं और रतनी का नाम ही उनकी जीभ पर नाच रहा था। बात ठीक थी पर सबूत न था और गंदी बात सोच लेना क्या उनका अधिकार न था।

तुरसी करवट बदल रहा था। तरह-तरह के विचार आ रहे थे। रात में एक अजीब बेचैनी थी। यह कुंदन ने एक नया खेल रचा था। जब गाँव की सभा ने एक बात कह दी तो फिर पंचायत कैसी ? कुछ भी हो। बिरादरी का मामला है। पुलिस तो फिर भी अपनी ही है। केस तो फिर भी चलेगा ही। यहाँ न सही, बेटा को वहाँ देख लूँगा। जाएगा कहाँ ?

और तुरसी को तीन सौ रुपए ऐसे दिखते जैसे हनुमान अपना शरीर बढ़ाकर लंका जलाने को पूँछ हिला रहे हों।

दिन दुपहरिया पंचायत बैठी। कुंदन अपने दोस्तों और घरवालों के साथ एक ओर बैठा। दूसरी ओर धूपो, तुरसी और रमल तथा उसकी बहू। धीरे-धीरे सन्नाटा छा गया। काम शुरू हो गया।

पंचों ने किस्सा सुना। लोगों को सुना दिया गया। सरपंच ने, जब हुक्का घूम चुका तो गंभीर स्वर से कहा—"पंच सुनें। अब हम कुंदन से पूछते हैं कि तूने हमें क्यों तकलीफ दी ?"

कुंदन ने खड़े होकर झुककर कहा—"पंच भगवान का औतार है। झूठ नहीं कहूँगा। आपसी मारपीट की बात थी। गाँव के बड़े आदमियों ने मामला तय करा दिया है, पर, जीजा का दिल अभी मेरी ओर से साफ नहीं हुआ है। इसी से बिरादरी की पंचायत इकट्ठी की है। हमारा एक घर है, जिसे हमने बहिन ब्याह दी है वह क्या कोई गैर है ? पर आपसी झगड़े कहाँ नहीं होते ?"

"सब जगह होते हैं।" बूढ़ों ने सिर हिलाकर स्वीकार किया।

कुंदन ने फिर कहा—"हमारी बेटी पराए घर में पराई हो जाए पर हम तो उसे अपनी समझते हैं। भांजा तो नहीं छुआ हमने, क्यों ?" धूपो की ओर देखकर कहा—"बोल ?"

धूपो ने सिर हिलाकर स्वीकार किया। स्त्री की इस मूर्खता पर तुरसी विक्षुब्ध हो उठा। उसने कहा—"पंचों की दुहाई है। औरत कमअकल होती है। उसे बहका-फुसला लेना बड़ी बात नहीं होती। भांजा, मैं पूछता हूँ, छोड़ दिया था कि भाग निकला।"

कुंदन ने पैंतरा बदला। बोला—"जीजा का गुस्सा अभी बूढ़ा नहीं हुआ है।"

पंचों ने राएँ मिलाईं । कुंदन ठीक कहता है। उसकी आवाज में तनिक भी जोश नहीं है। तुरसी की तो धधक रही है अभी दिल में।

फिर पंचों ने पूछा—"बहिन को क्यों मारा ?"

"बीच में आ गई थी। तभी ध्यान आ गया कि राँड होगी तो बहिन ही। हाथ रोक दिया।"

"ठीक है, ठीक है,"—सबने हाँ में हाँ मिलाई—"ऐसा हो सकता है।"

तुरसी ने ओंठ क्रोध से काट लिया, किन्तु क्या वह उस कठोर सत्य को खोले बिना अपनी बात पर लोगों को विश्वास दिला सकता है ? कनखी से देखा। रतनी घूँघट खींचे सिर झुकाए बैठी थी। उसे फिर क्रोध और स्नेह दोनों ही आए। तुरसी बीलने उठा—"पंच परमेश्वर हैं। जो कहेंगे सो सिर झुकाकर मानूँगा।"

बात अभी वह समाप्त भी नहीं कर पाया था कि किसी ने बीच में काटकर कहा—"मगर झगड़ा तो मर्दों में होता है। धूपो पर लाठी कैसे पड़ी ? घर का द्वार बहू ने कैसे बन्द कर रखा था।"

"बंद तो होता ही", तुरसी ने चमककर कहा—"घर में अकेली न थी ? फिर सास से कहा-सुनी हो गई होगी। सास-बहू के झगड़े कहाँ नहीं होते।"

"जगत की रीत है", सबने कहा—"होते रहे हैं और होते रहेंगे।"

"तो" तुरसी ने कहा—"कुंदन से किसने कही थी कि भांजे की बहू का जिकर करता और सो भी पंचायत में। कैसे खबर पड़ी कि द्वार तब बंद था कि खुला ?"

कुंदन के मुँह का रंग फीका हो गया था। उसने पूरब की ओर हाथ उठाकर कहा—"गंगा भैया की सौगंध है। मैंने किसी से कुछ नहीं कहा। पर मुहल्ला जागता था। एक कान से सुनी बात दस जीभों पर डालती है। पंच कहें मैं कैसे जिम्मेदार हूँ।"

पंच खामोश रहे।

तुरसी ने पंचों की ओर दोनों हाथ उठाकर कहा—"पंच कहें। कुंदन ने पैंतालीस रुपए दिये हैं सो क्या हरजाना ठीक है ? पुलिस को मैंने रुपए दिए। कुंदन ने भी दिए। पर दंगा शुरू किसने किया ?"

सरपंच ने आँख चढ़ाकर सिर हिलाते हुए पूछा—"पर दंगा क्यों हुआ ? तुझे कुंदन ने क्यों मारा । कोई पागल तो वह था नहीं न ?"

'मैं क्या जानूँ ?" तुरसी ने सरल उत्तर दिया।

"तो वे रुपये कहाँ गए ?" पंच ने फिर पूछा, "हाजिर करो !"

धूपो ने चालीस रुपए पंच के पास रख दिए।

गिनकर पंच ने कहा—"यह चालीस हैं। पंच से दगा नहीं होगी। बाकी के रुपए कहाँ हैं ? क्यों री बोलती क्यों नहीं ?"

और धूपो के मुख पर स्याही छा गई।

तुरसी ने तड़पकर कहा—"बोलती क्यों नहीं ? बिरादरी पूछ रही है !"

धूपो ने सिर झुकाकर कहा, "खरच हो गए !"

"खरच हो गए ?"—तुरसी गरज उठा—"डायन! तूने मेरी नाक काट दी। दस दिन न रखे गए अलग ? और न थे रुपये ?"

उसका आज जीवन में सबसे भयानक अपमान हुआ था। क्या करे ? औरत की जात ही ऐसी है।

धूपो ने सिर झुका लिया था। तभी किसी ओर से किसी ने आवाज दी। रमल उठकर चला गया।

पंच ने कहा—"इसका तो दंड भोगना पड़ेगा तुरसी। बहू को समझा दे !"

तुरसी का हृदय हाहाकार कर उठा।

कुंदन के साथियों ने ताना मारा—"कमी तो पड़ ही जाती है। दरोगाजी को दे दिए होंगे। आखिर साले पर बिना वज़ह मुकदमा भी तो चलाना ही था !"

क्या कहे अब ? कोई उत्तर ? मन में आया वहीं मर जाए। किंतु धूपो भी खड़ी रही और तुरसी भी सिर झुकाए खड़ा रहा।

"तुरसी", पंच ने कहा—"कहता क्यों नहीं ?"

तुरसी ने बायें हाथ से माथे की पट्टी सरका दी। लंबा घाव देखकर सबमें सहानुभूति फैल गई। कुंदन अपराधी है। तुरसी ने एक बार चारों ओर देखा—

"तुम जो कहो सो मुझे मंजूर है। मैं तो गुलाम हूँ"—उसने उन्मुक्त कंठ से कहा।

पंच प्रसन्न हुए। कुंदन को अब पूरा विश्वास हो गया था। बाजी जीत ली थी। तुरसी के मुँह पर ताला पड़ा था।

और कुंदन उत्साह से अब मन-ही-मन प्रसन्न अपने मित्रों की ओर देखकर मुस्करा रहा था।

पंच ने कहा—"झगड़ा हुआ। तुरसी कहता है उसे कुंदन ने बेवजह मारा। कुंदन कहता है छोटी-सी बात थी, बातों में बढ़ गई। मारपीट हुई। सुनने को

तो यही ठीक लगता है। पर कुंदन का भी तो कुछ कसूर रहा ही होगा। सजा उसे भी मिलनी चाहिए।"

सबने सुना, पंचों ने फिर मशविरा किया और चौधरी ने फिर कहा—"तुरसी मामले को पुलिस तक ले गया, ज़िसमें दोनों के खूब खर्चे हुए। कुंदन मामले को पंचों में लाया। तुरसी पर भी दंड धरना चाहिए।"

धूपो ने धीरे से कहा—"पर हमने क्या मना की है ? पंचों का न्याय सिर-आँखों पर।"

बड़े-बूढ़ों ने प्रार्थना की—"फैसला सुना दिया जाय।"

"क्या होगा ?" धूपो ने कातर स्वर से कहा। किंतु तुरसी ने जैसे सुना ही नहीं।

वह ऐसे खड़ा था जैसे काठ की मूरत खड़ी कर दी हो। वह जो अब तक निर्भय था, इस समय विवर्ण हो चुका था। सिर का लाल घाव ऐसा था जैसे माथे में तीसरी आँख हो—खूनी, जलती हुई। कुछ देर तक फिर परस्पर परामर्श होता रहा और तब सरपंच ने चौधरी से कहा—"धूपो ने पाँच खरच किए, दस का दंड देगी; कुंदन ने बूढ़े और औरत को मारा सो पचास रुपए दंड देगा और तुरसी मामले को पुलिस तक ले गया जिसमें दोनों का खरचा हुआ, सो तीस रुपए दंड भरेगा और पंचों का फैसला है कि मामला यहीं खत्म हुआ। आगे अपनी-अपनी भुगतान होगी, जो हुक्म अदूली करेगा उसका हुक्का-पानी बंद।"

अनोखा न्याय था!

धूपो के मुख का रंग उड़ गया। यह क्या हुआ ? इसी समय रमल ने आकर कहा—"अम्मा री, यहाँ पंचायत से क्या होगा ? यह तो पुलिस केस है। अभी दरोगा को मुँहमाँगी रिसवत देनी पड़ेगी, नहीं तो यह क्या छोड़ देगा। पंचायत का जोर हम पर चलेगा कि उस पर भी चलेगा ?"

दुधारा चला। धूपो कातर स्वर से रो उठी—"हाय, हम तो लुट गए।"

"वह भी होगा", तुरसी ने सिर उठाकर कहा—"वह भी मैं ही दूँगा। परमेसुर की ही जब यह मर्जी है तो ये ही सही। बिरादरी की तो रखनी ही होगी।"

रमल पुकार उठा—"यह तो अन्याय है···" किंतु तुरसी को कोई आपत्ति न थी।

['51 से पूर्व]

गदल

बाहर शोरगुल मचा। डोड़ी ने पुकारा—"कौन है ?"

कोई उत्तर नहीं मिला। आवाज आई—"हत्यारिन ! तुझे कतल कर दूँगा !"

स्त्री का स्वर आया—"करके तो देख ! तेरे कुनबे को डायन बनके न खा गई, निपूते !"

डोड़ी बैठा न रह सका। बाहर आया।

"क्या करता है, क्या करता है, निहाल ?"—डोड़ी बढ़कर चिल्लाया—"आखिर तेरी मैया है !"

'मैया है !"—कहकर निहाल हट गया।

"और तू हाथ उठाके तो देख !"—स्त्री ने फुफकारा—"कढ़ीखाए ! तेरी सींक पर बिल्लियाँ चलवा दूँ ! समझ रखियो ! मत जान रखियो ! हाँ ! तेरी आसरतू नहीं हूँ !"

"भाभी !"—डोड़ी ने कहा—"क्या बकती है ? होश में आ !"

वह आगे बढ़ा। उसने मुड़कर कहा—"जाओ सब। तुम सब लोग जाओ !"

निहाल हट गया। उसके साथ ही सब लोग इधर-उधर हो गए।

डोड़ी निस्तब्ध, छप्पर के नीचे लगा बरेंडा पकड़े खड़ा रहा। स्त्री वहीं बिफरी हुई-सी बैठी रही। उसकी आँखों में आग-सी जल रही थी।

उसने कहा—'मैं जानती हूँ, निहाल में इतनी हिम्मत नहीं। यह सब तैने किया है, देवर !"

"हाँ गदल !"—डोड़ी ने धीरे से कहा—'मैंने ही किया है !"

गदल सिमट गई। कहा—"क्यों, तुझे क्या जरूरत थी ?"

डोड़ी कह नहीं सका। वह ऊपर से नीचे तक झनझना उठा। पचास साल का वह लंबा खारी गूजर, जिसकी मूँछें खिचड़ी हो चुकी थीं, छप्पर तक

पहुँचा-सा लगता था। उसके कंधे की चौड़ी हड्डियों पर अब दिए का हल्का प्रकाश पड़ रहा था, उसके शरीर पर मोटी फतूही थी और उसकी धोती घुटनों के नीचे उतरने के पहले ही झूल देकर चुस्त-सी ऊपर की ओर लौट जाती थी। उसका हाथ कर्रा था और वह इस समय निस्तब्ध खड़ा रहा।

स्त्री उठी। वह लगभग 45 वर्षीया थी, और उसका रंग गोरा होने पर भी आयु के धुँधलके में अब मैला-सा दिखने लगा था। उसको देखकर लगता था कि वह फुर्तीली थी। जीवन-भर कठोर मेहनत करने से, उसकी गठन के ढीले पड़ने पर भी उसकी फुर्ती अभी तक मौजूद थी।

"तुझे शरम नहीं आती, गदल ?"—डोड़ी ने पूछा।

"क्यों, शरम क्यों आएगी ?"—गदल ने पूछा।

डोड़ी क्षण-भर सकते में पड़ गया। भीतर के चौबारे से आवाज आई—"शरम क्यों आएगी इसे ? शरम तो उसे आए, जिसकी आँखों में हया बची हो।"

"निहाल!"—डोड़ी चिल्लाया—"तू चुप रह।"

फिर आवाज बंद हो गई।

गदल ने कहा—"मुझे क्यों बुलाया है तूने ?"

डोड़ी ने इस बात का उत्तर नहीं दिया। पूछा—"रोटी खाई है ?"

"नहीं," गदल ने कहा—"खाती भी कब ? कमबखत रास्ते में मिले। खेत होकर लौट रही थी। रास्ते में अरने-कंडे बीनकर संझा के लिए ले जा रही थी।"

डोड़ी ने पुकारा—"निहाल! बहू से कह, अपनी सास को रोटी दे जाय।"

भीतर से किसी स्त्री की ढीठ आवाज सुनाई दी—"अरे, अब लौहरों की बैयर आई हैं; उन्हें क्यों गरीब खारियों की रोटी भाएगी ?"

कुछ स्त्रियों ने ठहाका लगाया।

निहाल चिल्लाया—"सुन ले, परमेसुरी, जगहँसाई हो रही है। खारियों की तो तूने नाक कटाकर छोड़ी।"

दो

गुन्ना मरा, तो पचपन बरस का था। गदल विधवा हो गई। गदल का बड़ा बेटा निहाल तीस वर्ष के पास पहुँच रहा था। उसकी बहू दुल्ला का बड़ा बेटा सात का, दूसरा चार का और तीसरी छोरी थी जो उसकी गोद में थी।

निहाल से छोटी तरा-ऊपर की दो बहिनें थीं चम्पा और चमेली, जिनका क्रमशः झाज और विश्वारा गाँवों में ब्याह हुआ था। आज उनकी गोदियों से उनके लाल उतरकर धूल में घुटरुव चलने लगे थे। अंतिम पुत्र नारायन अब बाईस का था, जिसकी बहू दूसरे बच्चे की माँ होनेवाली थी। ऐसी गदल, इतना बड़ा परिवार छोड़कर चली गई थी और बत्तीस साल के एक लौहरे गूजर के यहाँ जा बैठी थी।

डोड़ी गुन्ना का सगा भाई था। बहू थी, बच्चे भी हुए। सब मर गए। अपनी जगह अकेला रह गया। गुन्ना ने बड़ी-बड़ी कही, पर वह फिर अकेला ही रहा, उसने ब्याह नहीं किया, गदल ही के चूल्हे पर खाता रहा। कमाकर लाता, वो उसी को दे देता, उसी के बच्चों को अपना मानता, कभी उसने अलगाव नहीं किया। निहाल अपने चाचा पर जान देता था। और फिर खारी गूजर अपने को लौहरों से ऊँचा समझते थे।

गदल जिसके घर बैठी थी, उसका पूरा कुनबा था। उसने गदल की उम्र नहीं देखी, यह देखा कि खारी औरत है, पड़ी रहेगी। चूल्हे पर दम फूँकनेवाली की जरूरत भी थी।

आज ही गदल सवेरे गई थी और शाम को उसके बेटे उसे फिर बाँध लाए थे। उसके नए पति मौनी को अभी पता भी नहीं हुआ होगा। मौनी रँडुआ था। उसकी भाभी जो पाँव फैलाकर मटक-मटककर छाछ बिलोती थी—दुल्लो सुनेगी तो क्या कहेगी ?

गदल का मन विक्षोभ से भर उठा।

आधी रात हो चली थी। गदल वहीं पड़ी थी। डोड़ी वहीं बैठा चिलम फूँक रहा था।

उस सन्नाटे में डोड़ी ने धीरे से कहा—"गदल !"

"क्या है ?"—गदल ने हौले से कहा।

"तू चली गई न ?"

गदल बोली नहीं। डोड़ी ने फिर कहा—"सब चले जाते हैं। एक दिन तेरी देवरानी चली गई, फिर एक-एक करके तेरे भतीजे भी चले गए। भैया भी चला गया। पर तू जैसी गई, वैसे तो कोई भी नहीं गया। जग हँसता है, जानती है ?"

गदल बुरबुराई—"जगहँसाई से मैं नहीं डरती देवर ! जब चौदह की थी, तब तेरा भैया मुझे गाँव में देख गया था। तू उसके साथ तेल पिया लट्ठ लेकर मुझे लेने आया था न, तब ? मैं आई थी कि नहीं ? तू सोचता होगा

कि गदल की उमर गई, अब उसे खसम की क्या जरूरत है ? पर जानता है, मैं क्यों गई ?"

"नहीं।"

"तू तो बस यही सोचा करता होगा कि गदल गई, अब पहले-सा रोटियों का आराम नहीं रहा। बहुएँ नहीं करेंगी तेरी चाकरी देवर! तूने भाई से और मुझसे निभाई, तो मैंने भी तुझे अपना ही समझा! बोल झूठ कहती हूँ ?"

"नहीं, गदल, मैंने कब कहा !"

"बस यही बात है देवर! अब मेरा यहाँ कौन है! मेरा मरद तो मर गया। जीते-जी मैंने उसकी चाकरी की, उसके नाते उंसके सब अपनों की चाकरी बजाई। पर जब मालिक ही न रहा, तो काहे को हड़कंप उठाऊँ ? यह लड़के, यह बहुएँ! मैं इनकी गुलामी नहीं करूँगी !"

"पर क्या यह सब तेरी औलाद नहीं बाबरी! बिल्ली तक अपने जायों के लिए सात घर उलट-फेर करती है, फिर तू तो मानुष है। तेरी माया-ममता कहाँ चली गई ?"

"देवर, तेरी कहाँ चली गई थी, जो तूने फिर ब्याह न किया !"

"मुझे तेरा सहारा था गदल !"

"कायर! भैया तेरा मरा, कारज किया बेटे ने और फिर जब सब हो गया तब तू मुझे रखकर घर नहीं बसा सकता था! तूने मुझे पेट के लिए पराई ड्योढ़ी लँघवाई। चूल्हा मैं तब फूँकूँ, जब मेरा कोई अपना हो। ऐसी बाँदी नहीं हूँ कि मेरी कुहनी बजे, औरों के बिछिए छनकें। मैं तो पेट तब भरूँगी, जब पेट का मोल कर लूँगी। समझा देवर! तूने तो नहीं कहा तब। अब कुनबे की नाक पर चोट पड़ी, तब सोचा। तब न सोचा, जब तेरी गदल को बहुओं ने आँखें तरेरकर देखा। अरे, कौन किसकी परवा करता है !"

"गदल !"—डोड़ी ने भर्राए स्वर में कहा—"मैं डरता था !"

"भला क्यों तो ?"

"गदल, मैं बुड्ढा हूँ। डरता था, जग हँसेगा। बेटे सोचेंगे, शायद चाचा का अम्माँ से पहले से नाता था, तभी चाचा ने दूसरा ब्याह नहीं किया। गदल, भैया की भी बदनामी होती न ?"

"अरे चल रहने दे !" गदल ने उत्तर दिया—"भैया का बड़ा ख्याल रहा तुझे ? तू नहीं था कारज में उनके क्या ? मेरे सुसर मरे थे, तब तेरे भैया ने बिरादरी को जिमाकर होंठों से पानी छुलाया था अपने। और तुम सबने कितने बुलाए ? तू भैया, दो बेटे। यही भैया हैं, यही बेटे हैं ? पच्चीस आदमी

बुलाए कुल। क्यों आखिर ? कह दिया लड़ाई में कानून है। पुलिस पच्चीस से ज्यादा होते ही पकड़ ले जाएगी! डरपोक कहीं के! मैं नहीं रहती ऐसों के।"

हठात् डोड़ी का स्वर बदला। कहा—"मेरे रहते तू पराए मरद के जा बैठेगी ?"

"हाँ।"

"अबके तो कह!"—वह उठकर बढ़ा।

"सौ बार कहूँ लाला!" गदल पड़ी-पड़ी बोली।

डोड़ी बढ़ा।

"बढ़!"—गदल ने फुफकारा।

डोड़ी रुक गया। गदल देखती रही। डोड़ी जाकर बैठ गया। गदल देखती रही। फिर हँसी। कहा—"तू मुझे करेगा! तुझमें हिम्मत कहाँ है देवर! मेरा नया मरद है न ? मरद है। इतनी सुन तो ले भला। मुझे लगता है तेरा भइया ही फिर मिल गया है मुझे। तू ?"—वह रुकी—"मरद है! अरे कोई बैयर से घिघियाता है ? बढ़कर जो तू मुझे मारता, तो मैं समझती, तू अपनापा मानता है। मैं इस घर में रहूँगी ?"

डोड़ी देखता ही रह गया। रात गहरी हो गई। गदल ने लहँगे की पर्त फैलाकर तन ढक लिया। डोड़ी ऊँघने लगा।

तीन

ओसारे में दुल्लो ने अँगड़ाई लेकर कहा—"आ गई देवरानी जी! रात कहाँ रही ?"

सूका डूब गया था। आकाश में पौ फट रही थी। बैल अब उठकर खड़े हो गए थे। हवा में एक ठंडक थी।

गदल ने तड़ाक् से जवाब दिया—"सो, जेठानी मेरी! हुकुम नहीं चला मुझ पर। तेरी जैसी बेटियाँ हैं मेरी। देवर के नाते देवरानी हूँ, तेरी जूती नहीं।"

दुल्लो सकपका गई। मौनी उठा ही था। भन्नाया हुआ आया। बोला—"कहाँ गई थी ?"

गदल ने घूँघट खींच लिया, पर आवाज नहीं बदली। कहा—"वही ले गए मुझे घेरकर! मौका पाके निकल आई।"

मौनी दब गया। मौनी का बाप बाहर से ही ढोर हाँक ले गया। मौनी बढ़ा।

"कहाँ जाता है ?"—गदल ने पूछा।

"खेत-हार !"

"पहले मेरा फैसला कर जा !" गदल ने कहा।

दुल्लो उस अधेड़ स्त्री के नक्शे देखकर अचरज में खड़ी रही।

"कैसा फैसला ?—मौनी ने पूछा। वह उस बड़ी स्त्री से दब गया।

"अब क्या तेरे घर का पीसना पीसूँगी मैं ?"—गदल ने कहा—"हम तो दो जने हैं। अलग करेंगे, खाएँगे !"—उसके उत्तर की प्रतीक्षा किए बिना ही वह कहती रही—"कमाई शामिल करो, मैं नहीं रोकती, पर भीतर तो अलग-अलग भले !"

मौनी क्षण-भर सन्नाटे में खड़ा रहा। दुल्लो तिनककर निकली। बोली—"अब चुप क्यों हो गया, देवर ? बोलता क्यों नहीं ? देवरानी लाया है कि सास ! तेरी बोलती क्यों नहीं कढ़ती ? ऐसी न समझियो तू मुझे ! रोटी तवे पर पलटते मुझे भी आँच नहीं लगती, जो मैं इसकी खरी-खोटी सुन लूँगी, समझा ? मेरी अम्माँ ने भी मुझे चूल्हे की मट्टी खाके ही जना था। हाँ !"

"अरी तो सौत !"—गदल ने पुकारा—"मट्टी न खा के आई, सारे कुनबे को चबा जाएगी, डायन ! ऐसी नहीं तेरी गुड़ की भेली है, जो न खाएँगे हम, तो रोटी गले में फंदा मार जाएगी !"

मौनी उत्तर नहीं दे सका। वह बाहर चला गया। दुपहर हो गई। दुल्लो बैठी चरखा कात रही थी। नरायन ने आकर आवाज दी—"कोई है ?"

दुल्लो ने घूँघट काढ़ लिया। पूछा—"कौन हो ?"

नरायन ने खून का घूँट पीकर कहा—"गदल का बेटा हूँ !"

दुल्लो घूँघट में हँसी। पूछा—"छोटे हो कि बड़े ?"

"छोटा !"

"और कितने हैं !"

"कित्ते भी हों। तुझे क्या ?"—गदल ने निकलकर कहा।

"अरे आ गई !"—कहकर दुल्लो भीतर भागी।

"आने दे आज उसे। तुझे बता दूँगी जिठानी !"—गदल ने सिर हिलाकर कहा।

"अम्माँ !"—नरायन ने कहा—"यह तेरी जिठानी है ?"

"क्यों आया है तू ? यह बता !"—गदल झल्लाई।

"दंड धरवाने आया हूँ, अम्माँ!"—कहकर नरायन आगे बैठने को बढ़ा।

"वहीं रह!"—गदल ने कहा।

उसी समय लोटा-डोर लिए मौनी लौटा। उसने देखा कि गदल ने अपने कड़े और हँसली उतारकर फेंक दी और कहा—"भर गया दंड तेरा! अब मत आइयो कोई। समझ लीजो, थाने में रपट कर दूँगी कि मेरे मरद का सब माल दबाकर बहुओं के कहने से बेटों ने मुझे निकाल दिया है।"

नरायन का मुँह स्याह पड़ गया। वह गहने उठाकर चला गया। मौनी मन-ही-मन शंकित-सा भीतर आया।

दुल्लो ने शिकायत की—"सुना तूने देवर! देवरानी ने गहने दे दिए। घुटना आखिर पेट को ही मुड़ा। चार जगह बैठेगी, तो बेटों के खेत की डौर पर डंडा-थूआ तक लग जाएँगे, पक्का चबूतरा घर के आगे बन जाएगा, समझा देती हूँ। तुम भोले-भाले ठहरे। तिरिया-चरित्तर तुम क्या जानो। धंधा है यह भी। अब कहेगी, फिर बनवा मुझे।"

गदल हँसी, कहा—"वाह जिठानी! पुराने मरद का मोल नए मरद से तेरे घर की बैयर चुकवाती होंगी। गदल तो मालकिन बनकर रहती है, समझी! बाँदी बनकर नहीं। चाकरी करूँगी तो अपने मरद की, नहीं तो बिधना मेरे ठेंगे पर। समझी! तू बीच में बोलनेवाली कौन?"

दुल्लो ने रोष से देखा और पाँव पटकती चली गई।

मौनी ने देखा और कहा—"बहुत बढ़-बढ़कर बातें मत हाँक, समझ ले घर में बहू बनकर रह!"

"अरे तू तो तब पैदा भी नहीं हुआ था, बालम!"—गदल ने मुस्कराकर कहा—"तब से मैं सब जानती हूँ। मुझे क्या सिखाता है तू? ऐसा कोई मैंने काम नहीं किया है, जो बिरादरी के नेम के बाहर हो। जब तू देखे, मैंने ऐसी कोई बात की हो, तो हजार बार रोक, पर सौत की ठसक नहीं सहूँगी।"

"तो बताऊँ तुझे!"—वह सिर हिलाकर बोला।

गदल हँसकर ओबरी में चली गई और काम में लग गई।

चार

ठंडी हवा तेज हो गई। डोड़ी चुपचाप बाहर छप्पर में बैठा हुक्का पी रहा था। पीते-पीते ऊब गया और उसने चिलम उलट दी और फिर बैठा रहा।

खेत से लौटकर निहाल ने बैल बाँधे, न्यार डाला और कहा—“काका !”

डोड़ी कुछ सोच रहा था। उसने सुना नहीं।

“काका !”—निहाल ने स्वर उठाकर कहा।

“हैं !” डोड़ी चौंक उठा—“क्या है ? मुझसे कहा कुछ ?”

“तुमसे न कहूँगा, तो कहूँगा किससे ? दिन-भर तो तुम मिले नहीं। चिम्मन कढ़ेरा कहता था, तुमने दिन-भर मनमौजी बाबा की धूनी के पास बिताया। यह सच है ?”

“हाँ, बेटा, चला तो गया था।”

“क्यों गए थे भला ?”

“ऐसे ही जी किया था, बेटा !”

“और कस्बे से घी कटऊ क्या कराया कि बनिए का आदमी आया था। मैंने कहा—नहीं हैं; वह बोला—लेके जाऊँगा। झगड़ा होते-होते बचा।”

“ऐसा नहीं करते, बेटा !”—डोड़ी ने कहा—“बौहरे से कोई झगड़ा मोल लेता है ?”

निहाल ने चिलम उठाई, कंडों में से आँच बीनकर धरी और फूँक लगाता हुआ आया। कहा—‘मैं तो गया नहीं। सिर फूट जाते। नरायन को भेजा था।”

“कहाँ ?” डोड़ी चौंका।

“उसी कुलच्छनी कुलबोरनी के पास।”

“अपनी माँ के पास ?”

“न जाने तुम्हें उससे क्या है, अब भी तुम्हें उस पर गुस्सा नहीं आता। उसे माँ कहूँगा मैं ?”

“पर बेटा, तू न कह, जग तो उसे तेरी माँ ही कहेगा। जब तक मरद जीता है, लोग बैयर को मरद की बहू कहकर पुकारते हैं, जब मरद मर जाता है, तो लोग उसे बेटे की अम्माँ कहकर पुकारते हैं। कोई नया नेम थोड़ा ही है।”

निहाल भुनभुनाया। कहा—“ठीक है, काका ठीक है, पर तुमने अभी तक ये तो पूछा ही नहीं कि क्यों भेजा था उसे ?”

“हाँ बेटा !”—डोड़ी ने चौंककर कहा—“यह तो तूने बताया ही नहीं ! बता न ?”

“दंड भरवाने भेजा था। सो पंचायत जुड़वाने के पहले ही उसने तो गहने उतार फेंके।”

डोड़ी मुस्कराया। कहा—"तो वह यह बता रही है कि घरवालों ने पंचायत भी नहीं जुड़वाई ? यानी हम उसे भगाना ही चाहते थे। नरायन ले आया ?"

"हाँ।"

डोड़ी सोचने लगा।

'मैं फेर आऊँ ?"—निहाल ने पूछा।

"नहीं बेटा!" डोड़ी ने कहा—"वह सचमुच रूठकर ही गई है। और कोई बात नहीं है। तूने रोटी खा ली ?"

"नहीं।"

"तो जा पहले खा ले।"

निहाल उठ गया, पर डोड़ी बैठा रहा। रात का अँधेरा साँझ के पीछे ऐसे आ गया, जैसे कोई पर्त उलट गई हो।

दूर ढोला गाने की आवाज आने लगी। डोड़ी उठा और चल पड़ा।

निहाल ने बहू से पूछा—"काका ने खा ली ?"

"नहीं तो।"

निहाल बाहर आया। काका नहीं थे।

"काका!" उसने पुकारा।

राह पर चिरंजी पुजारी गढ़वाले हनुमानजी के पट बंद करके आ रहा था। उसने पूछा—"क्या है रे ?"

"पाँय लागूँ, पंडितजी!" निहाल ने कहा—"काका अभी तो बैठे थे।"

चिरंजी ने कहा—"अरे, वह वहाँ ढोला सुन रहा है। मैं अभी देखकर आया हूँ।"

चिरंजी चला गया, निहाल ठिठका खड़ा रहा। बहू ने झाँककर पूछा—"क्या हुआ ?"

"काका ढोला सुनने गए हैं!"—निहाल ने अविश्वास से कहा—"वे तो नहीं जाते थे।"

"जाकर बुला ले आओ। रात बढ़ रही है।"—बहू ने कहा और रोते बच्चे को दूध पिलाने लगी।

निहाल जब काका को लेकर लौटा, तो काका की देही तप रही थी।

"हवा लग गई है और कुछ नहीं।"—डोड़ी ने छोटी खटिया पर अपनी निकली टाँगें समेटकर लेटते हुए कहा—"रोटी रहने दे, आज जी नहीं चाहता।"

निहाल खड़ा रहा। डोड़ी ने कहा—"अरे, सोच तो, बेटा! मैंने ढोला

कितने दिन बाद सुना है। उस दिन भैया की सुहागरात को सुना था, या फिर आज · · · ।"

निहाल ने सुना और देखा, डोड़ी आँख मीचकर कुछ गुनगुनाने लगा था· · ·

पाँच

शाम हो गई थी। मौनी बाहर बैठा था। गदल ने गरम-गरम रोटी और आम की चटनी ले जाकर खाने को धर दी।

"बहुत अच्छी बनी है।"—मौनी ने खाते हुए कहा—"बहुत अच्छी है।"

गदल बैठ गई। कहा—"तुम एक ब्याह और क्यों नहीं कर लेते अपनी उमिर लायक ?"

मौनी चौंका। कहा—"एक की रोटी भी नहीं बनती ?"

"नहीं", गदल ने कहा—"सोचते होगे सौत बुलाती हूँ, पर मरद का क्या ? मेरी भी तो ढलती उमिर है। जीते जी देख जाऊँगी तो ठीक है। न हो तो हुकूमत करने को तो एक मिल जाएगी।"

मौनी हँसा। बोला—"यों कह। हौंस है तुझे, लड़ने को चाहिए।"

खाना खाकर उठा, तो गदल हुक्का भरकर दे गई और आप दीवार की ओट में बैठकर खाने लगी।

इतने में सुनाई दिया—"अरे, इस बखत कहाँ चला ?"

"जरूरी काम है, मौनी !"—उत्तर मिला—"पेसकार साब ने बुलवाया है।"

गदल ने पहचाना। उसी के गाँव का तो था, घोट्या मैना का चंदा गिर्राज ग्वारिया। जरूर पेसकार की गाय को चराने की बात होगी।

"अरे तो रात को जा रहा है ?"—मौनी ने कहा—"ले चिलम तो पीता जा।"

आकर्षण ने रोका। गिर्राज बैठ गया। गदल ने दूसरी रोटी उठाई। कौर मुँह में रखा।

"तुमने सुना ?" गिर्राज ने कहा और दम खींचा।

"क्या ?" मौनी ने पूछा।

"गदल का देवर डोड़ी मर गया।"

गदल का मुँह रुक गया। जल्दी से लोटे के पानी के संग कौर निगला और सुनने लगी। कलेजा मुँह को आने लगा।

"कैसे मर गया ?"—मौनी ने कहा—"वह तो भला-चंगा था !"

"ठंड लग गई, रात उघाड़ा रह गया !"

गदल द्वार पर दिखाई दी। कहा—'गिर्राज !"

"काकी !"—गिर्राज ने कहा—"सच। मरते बखत उसके मुँह से तुम्हारा नाम कढ़ा था, काकी। बिचारा बड़ा भला मानस था !"

गदल स्तब्ध खड़ी रही।

गिर्राज चला गया।

गदल ने कहा—"सुनते हो !"

"क्या है री ?"

'मैं जरा जाऊँगी !"

"कहाँ ?"—वह आतंकित हुआ।

"वहीं !"

"क्यों ?"

'देवर मर गया है न ?"

"देवर ! अब तो वह तेरा देवर नहीं !"

गदल झनझनाती हुई हँसी हँसी—'देवर तो मेरा अगले जनम में भी रहेगा। वही न मुझे रुखाई दिखाता, तो क्या यह पाँव कटे बिना उस देहरी से बाहर निकल सकते थे ? उसने मुझसे मन फेरा, मैंने उससे। मैंने ऐसा बदला लिया उससे !"

कहते-कहते वह कठोर हो गई।

"तू नहीं जा सकती !"—मौनी ने कहा।

"क्यों ?"—गदल ने कहा—"तू रोकेगा ? अरे, मेरे खास पेट के जाए मुझे रोक न पाए। अब क्या है ? जिसे नीचा दिखाना चाहती थी, वही न रहा और तू मुझे रोकनेवाला है कौन ? अपने मन से आई थी, रहूँगी, नहीं रहूँगी, कौन तूने मेरा मोल दिया है ! इतना बोल तो भी लिया। तू जो होता मेरे उस घर में तो, तो जीभ कढ़वा लेती तेरी !"

"अरी चल-चल !"

मौनी ने हाथ पकड़कर उसे भीतर धकेल दिया और द्वार पर खाट डालकर लेटकर हुक्का पीने लगा।

गदल भीतर रोने लगी, परंतु इतने धीरे कि उसकी सिसकी तक मौनी नहीं सुन सका। आज गदल का मन बहा जा रहा था।

रात का तीसरा पहर बीत रहा था। मौनी की नाक बज रही थी। गदल

ने पूरी शक्ति लगाकर छप्पर का कोना उठाया और साँपिन की तरह उसके नीचे से रेंगकर दूसरी ओर कूद गई।

छह

मौनी रह-रहकर तड़पता था। हिम्मत नहीं होती थी कि जाकर सीधे गाँव में हल्ला करे और लट्ठ के बल पर गदल को उठा लाए। मन करता, सुसरी की टाँगें तोड़ दे। दुल्लो ने व्यंग्य भी किया कि उसकी लुगाई भागकर नाक कटा गई है, खून का-सा घूँट पीकर रह गया। गूजरों ने जब सुना, तो कहा—"अरे बुढ़िया के लिए खून-खराबा कराएगा! और अभी तेरा उसने खरच ही क्या कराया है ? दो जून रोटी खा गई है, तुझे भी तो टिक्कड़ खिलाकर ही गई!"

मौनी का क्रोध भड़क गया।

घोट्या का गिर्राज सुना गया था।

जिस वक्त गदल पहुँची, पटेल बैठा था। निहाल ने कहा था—"खबरदार! भीतर पाँव न धरियो!"

"क्यों लौट आई है, बहू ?" पटेल चौंका था। बोला—"अब क्या लेने आई है ?"

गदल बैठ गई। कहा—"जब छोटी थी, तभी मेरा देवर लट्ठ बाँध मेरे खसम के साथ आया था। इसी के हाथ देखती रह गई थी मैं तो। सोचा था मरद है, इसकी छत्तर-छाया में जी लूँगी। बताओ, पटेल, वह ही जब मेरे आदमी के मरने के बाद मुझे न रख सका, तो क्या करती ? अरे, मैं न रही, तो इनसे क्या हुआ ? दो दिन में काका उठ गया न ? इनके सहारे मैं रहती तो क्या होता ?"

पटेल ने कहा—"पर तूने बेटा-बेटी की उमर न देखी बहू!"

"ठीक है", गदल ने कहा—"उमर देखती कि इज्जत, यह कहो। मेरी देवर से रार थी, खतम हो गई। ये बेटा हैं, मैंने कोई बिरादरी के नेम के बाहर की बात की हो तो रोककर मुझ पर दावा करो। पंचायत में जवाब दूँगी। लेकिन बेटों ने बिरादरी के मुँह पर थूका, तब तुम सब कहाँ थे ?"

"सो कब ?"—पटेल ने आश्चर्य से पूछा।

"पटेल न कहेंगे तो कौन कहेगा ? पच्चीस आदमी खिलाकर लुटा दिया मेरे मरद के कारज में!"

"पर पगली, यह तो सरकार का कानून था!"

"कानून था!"—गदल हँसी—"सारे जग में कानून चल रहा है, पटेल ? दिन-दहाड़े भैंस खोलकर लाई जाती है। मेरे ही मरद पर कानून था ? यों न कहोगे, बेटों ने सोचा, दूसरा अब क्या धरा है, क्यों पैसा बिगाड़ते हो ? कायर कहीं के ?"

निहाल गरजा—"कायर! हम कायर ? तू सिंधनी ?"

"हाँ मैं सिंधनी!" · · · गदल तड़पी—"बोल तुझमें है हिम्मत ?"

"बोल!"—"वह भी चिल्लाया।

"जा, बिरादरी कारज में न्यौता दे काका के!"—गदल ने कहा।

निहाल सकपका गया। बोला—"पुलस · · ·"

गदल ने सीना ठोंककर कहा—"बस ?"

"लुगाई बकती है!"—पटेल ने कहा—"गोली चलेगी, तो ?"

गदल ने कहा—"धरम-धुरंधरों ने तो डुबो ही दी। सारी गुजरात की डूब गई, माधो। अब किसी का आसरा नहीं। कायर-ही-कायर बसे हैं!"

फिर अचानक कहा—'मैं करूँ परबंध ?"

"तू ?"—निहाल ने कहा।

"हाँ, मैं!" · · · और उसकी आँखों में पानी भर आया। कहा—"वह मरते बखत मेरा नाम लेता गया है न, तो उसका परबंध मैं ही करूँगी!"

मौनी आश्चर्य में था। गिर्राज ने बताया था कि कारज का जोरदार इंतजाम है। गदल ने दरोगा को रिश्वत दी है। वह इधर आएगा ही नहीं। गदल बड़ा इंतजाम कर रही है। लोग कहते हैं, उसे अपने मरद का इतना गम नहीं हुआ था, जितना अब लगता है।

गिर्राज तो चला गया था, पर मौनी में विष भर गया था। उसने उठते हुए कहा—"तो गदल! तेरी भी मन की होने दूँ, सो गोला का मौनी नहीं। दरोगा का मुँह बंद कर दे, पर उससे भी ऊपर एक दरबार है। मैं कस्बे में बड़े दरोगा से शिकायत करूँगा!"

सात

कारज हो रहा था। पाँतें बैठतीं, जीमतीं, उठ जातीं और कढ़ाव से पुए उतरते।

बाहर मरद इंतजाम कर रहे थे, खिला रहे थे। निहाल और नरायन ने लड़ाई में महँगा नाज बेचकर जो घड़ों में नोटों की चाँदी बनाकर डाली थी, वह निकली और बौहरे का कर्ज चढ़ा। पर डाँग में लोगों ने कहा—"गदल का ही बूता था। बेटे तो हार बैठे थे। कानून क्या बिरादरी से ऊपर है ?"

गदल थक गई थी। औरतों में बैठी थी। अचानक द्वार में से सिपाही-सा दीखा। बाहर आ गई। निहाल सिर झुकाए खड़ा था।

"क्या बात है, दीवानजी ?"—गदल ने बढ़कर पूछा।

स्त्री का बढ़कर पूछना देख दीवान सकपका गया।

निहाल ने कहा—"कहते हैं कारज रोक दो।"

"सो, कैसे ?"—गदल चौंकी।

"दरोगाजी ने कहा है।" दीवानजी ने नम्र उत्तर दिया।

"क्यों ? उनसे पूछकर ही तो किया जा रहा है।" उसका स्पष्ट संकेत था कि रिश्वत दी जा चुकी है।

दीवान ने कहा—"जानता हूँ, दरोगाजी तो मेल-मुलाकात मानते हैं, पर किसी ने बड़े दरोगाजी के पास शिकायत पहुँचाई है, दरोगाजी को आना ही पड़ेगा। इसी से उन्होंने कहला भेजा है कि भीड़ छाँट दो। वर्ना कानूनी कार्रवाई करनी पड़ेगी।"

क्षण-भर गदल ने सोचा। कौन होगा वह ? समझ नहीं सकी। बोली—"दरोगाजी ने पहले नहीं सोचा था यह सब ? अब बिरादरी को उठा दें ? दीवानजी, तुम भी बैठकर पत्तल परोसवा लो। होगी सो देखी जाएगी। हम खबर भेज देंगे, दरोगा आते ही क्यों हैं ? वे तो राजा हैं।"

दीवानजी ने कहा—"सरकारी नौकरी है। चली जाएगी ? आना ही होगा उन्हें।"

"तो आने दो !"—गदल ने चुभते स्वर से कहा—"आदमी का वचन एक बार का होता है। हम बिरादरी को नहीं उठा सकते।"

नरायन घबराया। दीवानजी ने कहा—"सब गिरफ्तार कर लिए जाएँगे। समझी ! राज से टक्कर लेने की कोशिश न करो।"

"अरे तो क्या राज बिरादरी से ऊपर है ?"—गदल ने तमककर कहा—"राज के पीसे तो आज तक पिसे हैं, पर राज के लिए धर्म नहीं छोड़ देंगे, तुम

सुन लो! तुम धरम छीन लो, तो हमें जीना हराम है।"

गदल के पाँव के धमाके से धरती चल गई।

तीन पाँतें और उठ गईं, अंतिम पाँत थी। निहाल ने अँधेरे में देखकर कहा—"नरायन, जल्दी कर। एक पाँत बची है न ?"

गदल ने छप्पर की छाया में से कहा—"निहाल!"

निहाल गया।

"डरता है ?"—गदल ने पूछा।

सूखे होठों पर जीभ फेरकर उसने कहा—"नहीं।"

"मेरी कोख की लाज करनी होगी तुझे।"—गदल ने कहा—"तेरे काका ने तुझको बेटा समझकर अपना दूसरा ब्याह नामंजूर कर दिया था। याद रखना, उसके और कोई नहीं।"

निहाल ने सिर झुका लिया।

भागा हुआ एक लड़का आया।

"दादी!" वह चिल्लाया।

"क्या है रे ?"—गदल ने सशंक होकर देखा।

"पुलिस हथियारबंद होकर आ रही है।"

निहाल ने गदल की ओर रहस्यभरी दृष्टि से देखा।

गदल ने कहा—"पाँत उठने में ज्यादा देर नहीं है।"

"लेकिन वे कब मानेंगे ?"

"उन्हें रोकना होगा।"

"उनके पास बंदूकें हैं।"

"बंदूकें हमारे पास भी हैं, निहाल!"—गदल ने कहा—"डाँग में बंदूकों की क्या कमी ?"

"पर हम फिर खाएँगे क्या!"

"जो भगवान देगा।"

बाहर पुलिस की गाड़ी का भोंपू बजा। निहाल आगे बढ़ा। दरोगा ने उतरकर कहा—"यहाँ दावत हो रही है ?"

निहाल भौंचक रह गया। जिस आदमी ने रिश्वत ली थी, अब वह पहचान भी नहीं रहा था।

"हाँ। हो रही है।"—उसने क्रुद्ध स्वर में कहा।

"पच्चीस आदमी से ऊपर हैं ?"

"गिनकर हम नहीं खिलाते, दरोगाजी!"

"मगर तुम कानून तो नहीं तोड़ सकते ?"

"राज का कानून कल का है, मगर बिरादरी का कानून सदा का है, हमें राज नहीं लेना है, बिरादरी से काम है !"

"तो मैं गिरफ्तार करूँगा !"

गदल ने पुकारा—'निहाल !"

निहाल भीतर गया !

गदल ने कहा—"पंगत होने तक इन्हें रोकना ही होगा !"

"फिर !"

"फिर सबको पीछे से निकाल देंगे। अगर कोई पकड़ा गया, तो बिरादरी क्या कहेगी ?"

"पर ये वैसे न रुकेंगे। गोली चलाएँगे !"

"तू न डर। छत पर नरायन चार आदमियों के साथ बंदूकें लिए बैठा है !"

निहाल काँप उठा। उसने घबराए हुए स्वर से समझाने की कोशिश की—"हमारी टोपीदार हैं, उनकी रैफल हैं !"

"कुछ भी हो, पंगत उतर जाएगी !"

"और फिर !"

"तुम सब भागना !"

हठात् लालटेन बुझ गई। धाँय-धाँय की आवाज आई।

गोलियाँ अंधकार में चलने लगीं।

गदल ने चिल्लाकर कहा—"सौगंध है, खाकर उठना !"

पर सबको जल्दी की फिकर थी।

बाहर धाँय-धाँय हो रही थी। कोई चिल्लाकर गिरा।

पाँत पीछे से निकलने लगी।

जब सब चले गए, गदल ऊपर चढ़ी। निहाल से कहा—"बेटा !"

उसके स्वर की अखंड ममता सुनकर निहाल के रोंगटे उस हलचल में भी खड़े हो गए। इससे पहले कि वह उत्तर दे, गदल ने कहा—"तुझे मेरी कोख की सौगंध है। नरायन को और बहू-बच्चों को लेकर निकल जा पीछे से !"

"और तू ?"

"मेरी फिकर छोड़ ! मैं देख रही हूँ, तेरा काका मुझे बुला रहा है !"

निहाल ने बहस नहीं की। गदल ने एक बंदूकवाले से भरी बंदूक लेकर

कहा—"चले जाओ सब, निकल जाओ।"

संतान के मोह से जकड़े हुए युवकों को विपत्ति ने अंधकार में विलीन कर दिया।

गदल ने घोड़ा दबाया। कोई चिल्लाकर गिरा। वह हँसी। विकराल हास्य उस अंधकार में गूँज उठा।

दरोगा ने सुना तो चौंका : औरत! मरद कहाँ गए! उसके कुछ सिपाहियों ने पीछे से घेराव डाला और ऊपर चढ़ गए। गोली चलाई। गदल के पेट में लगी।

आठ

युद्ध समाप्त हो गया था। गदल रक्त से भीगी हुई पड़ी थी। पुलिस के जवान इकट्ठे हो गए।

दरोगा ने पूछा—"यहाँ तो कोई नहीं ?"

"हुजूर !"—एक सिपाही ने कहा—"यह औरत है।"

दरोगा आगे बढ़ आया। उसने देखा और पूछा—"तू कौन है ?"

गदल मुस्कराई और धीरे से कहा—"कारज हो गया, दरोगाजी ! आतमा को सांति मिल गई।"

दरोगा ने झल्लाकर कहा—"पर तू है कौन ?"

गदल ने और भी क्षीण स्वर से कहा—"जो एक दिन अकेला न रह सका, उसी की · · ·।"

और सिर लुढ़क गया। उसके होंठों पर मुस्कराहट ऐसी दिखाई दे रही थी, जैसे अब पुराने अंधकार में जलाकर लाई हुई · · · पहले की बुझी लालटेन · · ·

[**कहानी,** जनवरी '55]

●●●